CODE ANNOTÉ

DE LA

GARDE NATIONALE SÉDENTAIRE

LYON, IMPRIMERIE P. MOUGIN-RUSAND, RUE STELLA, 3.

RÉPUBLIQUE FRANÇAISE

CODE ANNOTÉ

DE LA

GARDE NATIONALE SÉDENTAIRE

contenant

UNE NOTICE HISTORIQUE

La Législation & la Jurisprudence
de la Garde nationale

PAR A. JOLY

Avocat à la Cour d'appel de Lyon.

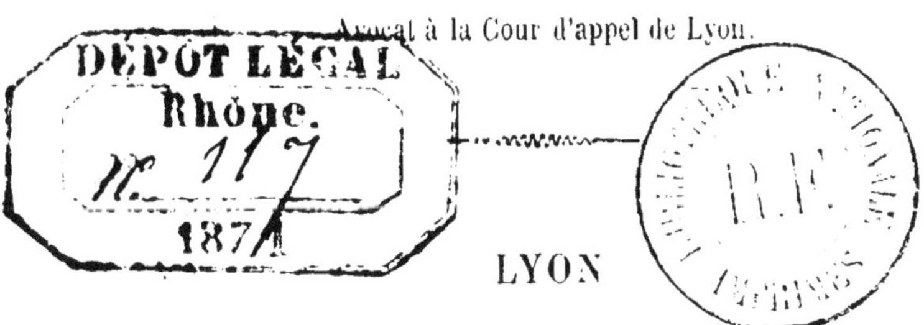

LYON

ÉVRARD, LIBRAIRE-ÉDITEUR

32, rue de Lyon, 32

1871

TABLE

NOTICE HISTORIQUE

NOTICE HISTORIQUE

Sur la création & l'organisation de la Garde nationale.

La garde nationale, telle qu'elle existe aujourd'hui, est une institution d'origine révolutionnaire.

Elle prit naissance dès les premiers jours de la Révolution française de 1789, et depuis lors, jusqu'à nos jours, chaque fois que la nation s'efforce de revendiquer la gestion de ses affaires, en organisant un gouvernement républicain, la garde nationale reparaît, et chaque fois que le pouvoir est ressaisi par un parti ou confisqué par un ambitieux, la garde nationale disparaît, pour faire place à une garde royale ou à une garde impériale.

Pendant les deux mois qui suivirent la convocation des Etats-Généraux de 1789, devenus en quelques jours, grâce à Mirabeau, l'Assemblée nationale, toutes les forces militaires du royaume restèrent, comme par le passé, aux ordres du roi Louis XVI. Le parti de la cour, songea plus d'une fois à se servir de l'armée pour dominer l'assemblée nationale. Du moins, tel paraît avoir été l'avis du Tiers-Etat, puisque, dès le 11 juillet, Mirabeau montait à la tribune pour demander le renvoi des troupes placées autour de Paris.

L'Assemblée nationale, vivement émue du danger qui semblait la menacer, vota, le 13 juillet, un arrêté pour demander l'éloignement des troupes et l'établissements de gardes bourgeoises.

Le roi refusa d'acquiescer à ce vote.

Ce refus amena une prise d'armes générale de la population parisienne, qui avait trouvé un orateur et un guide dans l'ardent patriote Camille Desmoulins.

La lutte s'engagea contre les forces militaires obéissant au roi.

Ces forces vaincues ou plutôt dispersées par les patriotes, le peuple de Paris, maître chez lui, organisa la municipalité, se procura des armes, et forma, avec les électeurs, la *milice parisienne.*

Cette milice, à peine organisée, prit part, le 14 juillet, à la prise de la Bastille.

Le roi, vaincu par la révolution, consentit à éloigner l'armée de Paris, et à donner un chef et un drapeau à cette milice qui, après la victoire, prit le nom de garde nationale.

Ce chef fut Lafayette.

Le drapeau rouge et bleu d'abord, c'est-à-dire aux couleurs de Paris, se compléta avec la couleur blanche, qui était celle du roi.

Et le drapeau tricolore exista (1).

(1) Dès cette époque, le drapeau rouge servit de signe de ralliement aux partis extrêmes. Il fut adopté par les assassins de Bailly, mais aussitôt répudié par les hommes de cœur.

Aussi, Lamartine a-t-il pu dire en février 1848 : « Le drapeau tricolore a fait le tour du monde comme un emblème de liberté et de civilisation ; le drapeau rouge n'a fait que le tour du Champ-de-Mars, traîné dans le sang et la fange. »

Ce qui était vrai alors n'a pas cessé de l'être aujourd'hui (décembre 1870).

Il ne nous appartient point de raconter le rôle important que la garde nationale de Paris a joué pendant la Révolution française.

Il suffit de constater qu'elle prit une part active à tous les grands évènements de cette époque.

L'organisation de la garde nationale ne s'effectua que peu à peu, et selon les nécessités du moment.

Cependant il est bon de rappeler que, dès la première année de son existence, les deux principes sur lesquels repose son organisation ont été promulgués par l'Assemblée nationale :

« La garde nationale est une force publique « sous les ordres de la municipalité. » (Décret du 14 décembre 1789.)

« La garde nationale est une force publique « qui ne peut délibérer, ni se mêler directement « ou indirectement à l'administration munici- « pale. » (Décret des 2-3 février 1790.)

Ce ne fut toutefois que par son décret des 6-12 décembre 1790 que l'Assemblée nationale posa, d'une manière complète, les vrais principes qui doivent régir la garde nationale.

« L'armée est destinée à agir contre les ennemis du dehors..... La garde nationale est destinée à agir contre les perturbateurs de l'ordre et de la paix..... Ceux-là seuls jouissent du droit de citoyen actif (1), qui, réunissant, d'ailleurs, les conditions prescrites, auront pris l'engagement de rétablir l'ordre au dedans, quand ils en seront légalement requis, et de s'armer pour la défense de la liberté et de la patrie.

« Nul corps armé ne peut exercer le droit de délibérer ; la force armée est essentiellement obéissante.

« Les citoyens ne peuvent exercer aucun acte de la force publique établi par la Constitution, sans en avoir été requis ; mais lorsque l'ordre public troublé ou la patrie en péril demandera l'emploi de la force publique, les

(1) Le citoyen actif était, d'après la Constitution de 1791, celui qui jouissait de tous ses droits politiques.

citoyens ne pourront refuser le service dont ils seront requis légalement. »

Ces principes sont également reproduits dans la Constitution des 3-14 septembre 1791, titre IV.

Cette Constitution ne pouvait qu'effleurer l'organisation de la garde nationale ; une loi, celle des 29 septembre, 14 octobre 1791, devait compléter cette législation.

On ne fera jamais assez l'éloge des lois organiques rendues par notre première Assemblée nationale. Il semble qu'au début de la Révolution, nos législateurs, ou plutôt les hommes éminents qui rédigeaient les lois soumises à l'Assemblée, aient su s'élever assez haut pour voir dans son ensemble l'objet soumis à leur réglementation, et le voir assez bien pour en fixer à jamais les règles rationnelles. Comme il faut toujours revenir à ses lois lorsqu'il s'agit de modifier les nôtres, je citerai brièvement celles des dispositions de la loi du 14 octobre 1791, qui n'ont pas été conservées dans les lois postérieures sur la garde nationale, par des raisons politiques aussi passagères que les gouvernements qu'elles inspiraient.

L'art. 1er exige que tous les citoyens actifs s'inscrivent pour le service de la garde nationale.

Art. 2. — A défaut de cette inscription, ils demeureront suspendus de l'exercice des droits que la Constitution attache à la qualité de citoyen actif, ainsi que de celui de porter les armes.

Art. 4. — Aucune raison d'état, de profession, d'âge, d'infirmité ou autre, ne dispensera de l'inscription.

Ainsi, tous les citoyens devaient faire partie de la garde nationale, à peine de perdre leurs droits politiques.

Quant à ceux qui, en raison de leur état, de leur profession ou d'autres causes, étaient dispensés ou impropres au service, ils devaient suppléer au service personnel, au moyen d'une prestation en argent.

Relativement à l'élection des officiers, l'article 23 reproduisant une disposition de la constitution de 1791, édictait :

« Les officiers et sous-officiers de tout grade ne seront élus que pour un an, et ne pourront être réélus qu'après avoir été soldats pendant une année. Les élections seront faites par les compagnies, les bataillons et les légions, le second dimanche du mois de mai de chaque année.

« Les officiers devaient se comporter comme des citoyens qui commandent à des citoyens. »

Les autres dispositions de cette loi, de 1791, avaient été tellement bien conçues, qu'elles ont presque toutes été reproduites par les lois postérieures, et qu'on ne comprendrait guère le besoin de refaire la loi primitive, si l'on ne savait qu'en France, à chaque révolution, les nouveaux venus pensant faire mieux que leurs devanciers modifient en grande hâte et au gré de leurs intérêts ce que le passé leur a transmis.

A chaque changement de gouvernement, la loi organique de la garde nationale subit une modification.

Pendant les premières années de la Révolution, ces changements se présentent presque chaque année.

Une loi des 17-24 juillet 1792 porte que tout citoyen sera tenu de faire personnellement son service, sauf les exceptions établies par la loi.

Cette loi paraît à son tour trop rigoureuse, surtout pour les indigents, et un décret du 22 frimaire an III, porte que les sexagénaires et les infirmes, dispensés du service personnel, mais tenus de se faire remplacer, pourront s'en dispenser, si l'état de leur fortune ne le leur permet pas.

Un décret du 10 prairial an III va plus loin. Il dispense les artisans, journaliers et manœuvriers du service de la garde nationale.

A partir de ce moment, les dispositions législatives qui vinrent, pendant les grandes guerres de la République, porter atteinte à la loi organique de 1791 sont si nombreuses qu'il serait fastidieux de les énumérer.

Il en résulta, après quelques années, que l'institution de la garde nationale avait tout-à-fait dévié de son origine et de son but primitif.

Mais la coalition européenne organisée contre la France une fois vaincue et l'ordre à l'intérieur en partie rétabli, le gouvernement chercha à revenir aux dispositions de la loi du 14 octobre 1791, et par un décret du 13 floréal an VII (1799), donna force de loi à une instruction sur la garde nationale qui, développant et coordonnant les dispositions de la loi organique de 1791, dans la forme d'un véritable traité, devait assurer le fonctionnement parfait de la garde nationale dans toute l'étendue de la République.

Malheureusement, il ne suffit pas d'édicter des lois sages, biens conçues, il faut encore que ceux qui doivent leur obéir, et ceux surtout qui doivent les faire exécuter, aient dans le cœur les sentiments élevés.

Et les hommes influents du Directoire et ceux surtout qui les remplacèrent songeaient bien moins à fonder en France le règne de la liberté qu'à s'assurer la continuation du pouvoir.

Le consulat ne fit rien pour faire exécuter le décret du 13 floréal an VII. Tous ses efforts se portèrent vers la réorganisation des services publics capables de centraliser tous les pouvoirs entre les mains d'un chef unique.

Et le jour où le premier consul Bonaparte eut terminé son œuvre monarchique, Napoléon put se faire couronner empereur, sans avoir à modifier une seule loi.

A l'empire, il fallait non une garde nationale, mais des gardes d'honneur, des gardes impériales, vieilles et jeunes. Un sénatus-consulte du 24 septembre 1805, porte que les gardes nationales sont organisées par décrets rendus par l'empereur.

Les officiers sont nommés par l'empereur.

Pendant les années de prospérité de l'empire, la garde nationale n'exista que comme annexe de l'armée qui était tout.

Dans les années suivantes, à mesure que l'adversité frappe notre malheureuse patrie, l'empereur comprenant tout le parti qu'il pouvait tirer de la garde nationale, s'efforça de la réorganiser, mais toujours sous sa dépendance absolue.

Un décret du 13 mars 1813 rétablit la garde nationale divisée en trois bans.

Un décret du 3 avril 1813 confie à la garde nationale la défense des frontières.

Et, enfin, un décret du 8 janvier 1814, met la garde nationale de Paris en activité. L'empereur la commande en chef. Les grenadiers sont tenus de s'équiper à leurs frais ; nul ne peut se faire remplacer, si ce n'est par un parent.

Les gardes nationales de l'empire prirent une part active et glorieuse aux luttes de 1814 et de 1815.

Mais le pays était las du despotisme impérial, las de la guerre toujours renaissante.

Et l'empire tomba moins peut-être devant la force de la coalition qu'à cause de la lassitude de la nation.

La garde nationale était une institution trop révolutionnaire pour être conservée par la Restauration.

Elle fut supprimée partout, excepté à Paris, où elle fut établie sur des bases telles que la royauté fut toujours maîtresse de disposer à son gré de cette partie de la force publique.

Et encore la garde nationale de Paris ne fut-elle conservée que pour voir ses attributions successivement amoindries d'année en année par des ordonnances royales, jusqu'au jour où elle fut complètement supprimée. (Ordonnance du 27 avril 1827.)

L'un des premiers actes de la Révolution de 1830 fut de rétablir la garde nationale à Paris. (Ordonnances des 29 juillet, 1er août 1830. Et, en France, par l'ordonnance des 6-10 août 1830, du lieutenant-général du royaume, avec la devise : *Liberté, Ordre public*, et le drapeau tricolore surmonté du coq gaulois.)

Une nouvelle ordonnance, des 16-25 août 1830, nomma le général Lafayette commandant général des gardes nationales du royaume.

Enfin, une des premières lois du nouveau gouvernement vint coordonner les diverses décisions rendues.

Ce fut la loi organique de la garde nationale des 22-25 mars 1831.

Cette loi, plus complète peut-être que la loi aujourd'hui en vigueur, du 13 juin 1851, est entrée dans les plus minutieux détails pour tout ce qui concerne l'organisation proprement dite, soit de la garde nationale sédentaire, soit de la garde nationale mobilisable.

Cette dernière partie de la loi est même restée en vigueur jusqu'aux derniers décrets rendus par le Gouvernement de la Défense nationale en novembre 1870 (1).

Aussi, cette loi doit-elle être consultée sur tous les points qu'elle a prévus, et qui n'ont point été modifiés par une décision de la loi du 13 juin 1851, ou par les décrets de 1870.

Il semble que le gouvernement de Louis-Philippe, ait pris, pendant les dernières années de son règne, l'institution de la garde nationale en grande suspicion. Il rendit, en effet, un grand nombre d'ordonnances destinées à res-

(1) V. Code de la Déf. nat. — Levée en masse

treindre soit l'indépendance, soit la liberté des élections de la garde nationale.

Dans quelques grandes villes même, la garde nationale fut supprimée en fait pendant fort longtemps.

Aussi, au jour du danger, le gouvernement de 1830 fût-il complètement abandonné par la force qui avait fait sa sécurité à ses débuts.

Nous n'essaierons point de retracer la part que la garde nationale de Paris prit à la révolution du 24 février 1848.

Le gouvernement provisoire s'empressa de rétablir la garde nationale partout où elle avait été dissoute ou suspendue sous le règne de Louis-Philippe. (Décret des 25-29 février 1848.)

Pendant la première année de la République, le pouvoir exécutif rendit un très-grand nombre de décrets relatifs à la garde nationale.

Puis, la Constitution, du 4 novembre 1848, vint poser les véritables principes qui doivent servir de base à l'organisation de de cette institution.

Enfin, après des débats forts longs, la loi organique fut votée les 8 avril, 28 mai et 13 juin 1851, et complétée ensuite par divers réglements que nous donnons à la suite de la loi du 13 juin 1851.

Cette loi n'a pas eu une existence aussi longue que celle du 22 mars 1831. A peine était-elle mise en vigueur qu'elle fut emportée avec la République par le coup d'Etat du 2 décembre 1851.

L'homme qui violait audacieusement le serment qu'il avait prêté à la Constitution du 4 novembre 1848, Louis-Napoléon devenu, par un coup d'Etat, président à vie, puis empereur, ne pouvait un instant songer à conserver la garde nationale organisée sur une base aussi démocratique que celle de la loi du 13 juin 1851.

Peu de jours après le coup d'Etat, le 11 janvier 1851, le président de la République rendit un décret qui dissolvait toutes les gardes nationales de France, pour les réorganiser sur des bases nouvelles.

Allant plus loin, le gouvernement nouveau posait en principe, dans sa circulaire ministérielle du 14 janvier 1852, qu'il était seul juge de l'intérêt public exigeant l'organisation de la garde nationale sur tel ou tel point du territoire, et que c'était à lui qu'appartenait le droit de décider de la force et du cadre qu'elle devait y présenter pour y répondre à des besoins de service que lui seul pouvait apprécier.

En fait, la garde nationale fut réduite, à Paris, à quelques bataillons conservés dans les quartiers aristocratiques.

Dans les départements, à quelques compagnies de sapeurs-pompiers.

Par un triste retour des choses d'ici-bas, au jour du danger, le gouvernement impérial songea à appeler à son aide la garde nationale.

La France envahie, à la suite de fautes ou de crimes que le temps n'est pas encore venu de qualifier, le gouvernement impérial, affolé de terreur, prit mesures sur mesures pour armer la garde nationale.

Décret du 7 août.

Loi du 12 août,

Décret et loi du 2 septembre sur les élections de la garde nationale.

Mais il était trop tard, l'empire était perdu.

Il appartenait au gouvernement de la Défense nationale d'appeler aux armes la nation entière pour chasser l'ennemi et établir l'ordre avec la liberté.

Nous sommes convaincus que si la garde nationale de 1870 a la conscience de ses devoirs et de sa force, elle accomplira la double tâche qui lui est imposée.

Chasser l'ennemi, fonder la République.

Lyon, 20 décembre 1870.

GARDE NATIONALE SÉDENTAIRE

LOI sur la Garde nationale sédentaire du 12 août 1870.

Article 1er. — La garde nationale est rétablie dans tous les départements.

Art. 2. — Il sera procédé immédiatement à sa réorganisation, conformément aux dispositions de la loi des 2 avril, 22 mai et 13 juin 1851.

Toutefois, l'organisation des bataillons actuellement existants est maintenue pendant la durée de la guerre.

Pendant le même temps, les officiers élus seront choisis parmi les anciens militaires.

LOI des 29 août, 2 septembre 1870.

Art. 2. — Sont considérés comme faisant partie de la garde nationale les citoyens qui se portent spontanément à la défense du territoire, avec l'arme dont ils peuvent disposer et prenant un des signes distinctifs de cette garde, qui les couvre de la garantie reconnue aux corps militaires constitués.

Art. 5. — Les lois sur les pensions militaires sont applicables aux gardes nationaux mobiles ou sédentaires blessés au service du pays, ainsi qu'aux veuves ou aux enfants de ceux qui seraient morts dans des circonstances de guerre.

Le décret de 1852, sur la Légion-d'Honneur et la Médaille militaire, est applicable aux gardes nationaux mobiles ou sédentaires décorés ou médaillés pour faits militaires pendant la présente guerre.

LOI du 13 juin 1851.

TITRE PREMIER

DISPOSITIONS GÉNÉRALES

Article 1er. — Le service de la garde nationale consiste :

1° En service ordinaire dans l'intérieur de la commune ;

2° En service de détachement hors du territoire de la commune ;

3° En service de corps mobilisés pour seconder l'armée de ligne dans les limites fixées par la loi.

---

1. Les § 2 et 3 ont été modifiés par les décrets rendus par le Gouvernement de la Défense nationale sur la mobilisation de la garde nationale de 21 à 40. (V. Code de la Déf. Levée en masse.)

L'objet et le caractère de l'institution de la garde nationale sont définis par la constitution républicaine du 4 novembre 1848.

Art. 102. — Tout français, sauf les exceptions fixées par la loi, doit le service militaire et celui de la garde nationale.

Art. 2. — La garde nationale est organisée dans toute la République ; elle l'est par commune, et à Paris par arrondissement municipal.

Les compagnies communales d'un canton peuvent être formées en bataillons cantonaux et en légions par décret du Pouvoir exécutif, les

---

Art. 104. — La force publique est essentiellement obéissante, nul corps armé ne peut délibérer.

Le devoir rigoureux de la garde nationale est d'obéir sans délibérer, d'obéir sur les réquisitions légales.

M. de Riancey, rapporteur de la loi du 13 juin, a développé cette pensée dans son exposé de la loi, de la manière suivante :

« Une fois enrôlé, et pour tout le temps où il de-
« meure sous le drapeau, le garde national ne con-
« naît qu'un précepte sévère, mais absolu, l'*obéis-*
« *sance.* Obéir est la première loi d'un corps armé,
« il n'y a ni exemption ni excuse. La force publique,
« selon l'article 104 de la Constitution du 4 novem-
« bre 1848, est essentiellement obéissante, par consé-
« quent point de refus de service, point de discussion,
« point d'hésitation, point de retard. L'honneur
« commande autant que le devoir, et ce qui relève,
« ce qui annoblit cette soumission, c'est qu'elle est
« exigée en vertu de la plus haute puissance morale
« des sociétés humaines, en vertu de la loi. »

2-3. § 1. — La garde nationale est : universelle, communale et permanente.

conseils municipaux de la circonscription entendus.

Dans aucun cas, la garde nationale ne peut être organisée par département ni par arrondissement de sous-préfecture.

Cette disposition n'est pas applicable au département de la Seine.

Art. — 3. — Cette organisation est permanente ; toutefois, le président de la République peut suspendre ou dissoudre, en tout ou en partie, la garde nationale dans des lieux déterminés.

Dans le cas de suspension, la garde nationale est remise en activité dans l'année, à compter du jour de la suspension.

Universelle, elle comprend tous les français âgés de 20 à 60 ans, sauf les exceptions établies par la loi.

§ 2. — *Communale*, elle doit être établie dans toutes les communes de France sans exception.

Destinée à remplacer les anciennes milices bourgeoises, la garde nationale plus largement organisée qu'elles, doit garder avec soin le caractère municipal, qui fait sa justification, son utilité, sa force. C'est de ce caractère d'institution soumise au pouvoir communal, à l'autorité civile, que découle pour la garde nationale l'obligation de demeurer à tous les dégrés sous la dépendance de la hiérarchie civile et administrative. (Rap. sur la loi du 13 juin.)

Dans le cas de dissolution, la garde nationale est réorganisée dans les deux ans.

Le tout, à moins que ces délais n'aient été prorogés par une loi spéciale.

En cas d'urgence, le préfet peut prononcer provisoirement la suspension. Cette suspension n'a d'effet que pendant trois mois, si, dans l'intervalle, elle n'est pas maintenue, ou si la dissolution n'est pas prononcée par le gouvernement.

Dans tous les cas de dissolution, le préfet peut ordonner le dépôt des armes dans un lieu déterminé, sous les peines portées par l'article 3 de la loi du 24 mai 1834.

Art. 4. — La garde nationale est placée sous

---

§ 3. — *Elle est permanente.* En effet, le pouvoir exécutif peut bien la suspendre ou la dissoudre, mais il doit toujours la rétablir dans les délais déterminés par la loi.

§ 4. — La dissolution légalement prononcée a pour effet de supprimer le corps auquel cette mesure s'applique et d'annuler les élections.

§ 5. — La suspension, au contraire, laisse l'organisation du corps intacte, et le délai expiré les officiers reprennent leur autorité.

§ 6. — Les décisions qui prononcent, soit la dissolution, soit la suspension, ne sont point des actes de nature à être attaqués par la voie contentieuse.

4. § 1. — En principe la garde nationale est placée

l'autorité des maires, des sous-préfets, des préfets et du ministre de l'intérieur.

Lorsque, d'après les ordres du préfet et du sous-préfet, la garde nationale de plusieurs communes est réunie, soit au chef-lieu du canton, soit dans toute autre commune, elle est sous l'autorité du maire de la commune où a lieu la réunion.

Sont exceptés les cas déterminés par les lois, où la garde nationale est appelée à faire un service militaire et est mise sous les ordres de l'autorité militaire.

Art. 5. — Les citoyens ne peuvent ni prendre les armes, ni se rassembler comme gardes natio-

---

sous l'autorité directe du maire, lorsqu'il l'exerce dans l'étendue de sa commune.

§ 2. — Par application de ce principe il a été jugé qu'un officier de la garde nationale d'une commune, faisant partie d'un bataillon qui reçoit deux ordres à la fois, l'un du chef de bataillon qui lui enjoint de se rendre à une revue hors de la commune où il réside, l'autre du maire qui le requiert de rester dans la commune pour un service extraordinaire, doit obéir de préférence au maire (Cass. 1er août 1834.)

5. § 1. — Il n'est pas nécessaire que la réquisition de l'autorité civile soit écrite.

§ 2. — L'officier qui a reçu la réquisition n'est pas tenu de la communiquer aux gardes sous ses ordres.

naux, avec ou sans uniforme, sans l'ordre des chefs immédiats, et ceux-ci ne peuvent donner cet ordre sans une réquisition de l'autorité civile.

Art. 6. — Aucun chef de poste ne peut faire distribuer de cartouches aux gardes nationaux placés sous son commandement, si ce n'est en vertu d'ordre précis ou en cas d'attaque de vive force.

TITRE II

DE L'ORGANISATION DE LA GARDE NATIONALE

SECTION PREMIÈRE

De la composition de la garde nationale.

Art. 7. — La garde nationale se compose, sauf les exceptions ci-après, de tous les Français, à partir de l'âge de vingt ans.

---

6. L'art. 15, sect. 3 de la loi du 29 septembre 1791 ajoutait : *dans le service ordinaire*. Il n'apparaît pas que cette modification ait été faite avec intention.

Il doit encore en être de même sous la loi du 13 juin.

7. § 1. — Il faut entendre par vingt ans, vingt années révolues avant le jour où le garde est inscrit.

Les mineurs de vingt ans peuvent être inscrits s'ils le demandent, et il a été jugé sous l'empire de la loi du 22 mars 1831, qu'un chef de bataillon âgé de 18 ans, peut présider un conseil de discipline, alors que sa nomination a subi tous les degrés de juridiction et acquis force de chose jugée. (Cass., 21 nov. 1844.)

§ 2. — De même aussi le garde âgé de plus de 60 ans a le droit de continuer son service. En effet, il est de principe que chacun peut renoncer au droit introduit en sa faveur, et la disposition qui accorde aux jeunes gens ayant moins de vingt ans, et aux séxagénaires une exemption de plein droit, ne saurait enchaîner le choix des gardes nationaux auxquels il appartient de juger de leur mérite et de leur utilité.

§ 3. — *Domicile.* Le garde national doit être domicilié dans la commune où il demande son inscription.

Le service est dû au domicile réel et non au domicile fictif ou légal. Le domicile réel est celui où existe le principal établissement.

§ 4. — Cette question du domicile est en théorie très difficile à trancher. En fait, c'est une question d'appréciation laissée au pouvoir des conseils de recensement.

§ 5. — Comme il importe que chaque garde serve là où le service est dû, il en résulte qu'il ne suffit pas qu'un garde justifie de son inscription sur les registres d'une commune, pour être dispensé de faire son service dans le lieu où il a son domicile réel.

§ 6. — Pour que celui qui change de domicile ou réclame un domicile autre que celui qui lui a été assigné par le conseil de recensement de sa commune, puisse être délié de tout service dans la garde de cette commune, il faut qu'il ait été rayé des cadres de cette commune, soit par le conseil de recense-

Art. 8. — Ne font pas partie de la garde nationale,

1° Les ministres des différents cultes reconnus par l'Etat; les élèves des grands séminaires et des facultés de théologie; — Les membres ou novices des associations religieuses vouées à l'enseignement, autorisées par la loi ou reconnues comme établissements d'utilité publique;

2° Les militaires des armées de terre et de mer en activité de service, en disponibilité ou en non-activité; — Les administrateurs ou agents commissionnés des services de terre ou de mer

---

ment, soit par le jury de révision. (Cass., 2 octobre 1840.)

§ 7. — S'il arrivait par suite qu'un garde national fut maintenu sur les registres de deux communes, par deux décisions en dernier ressorts, il y aurait lieu à se pourvoir devant le Conseil d'Etat, pour cause de contrariété de jugements.

8. L'énumération contenue dans cet article n'est plus complète aujourd'hui. Il faut sre epporter à l'instruction ministérielle du 15 octobre 1870, pour la compléter. (V. Code de la Déf. nat., p. 72.)

§ 1. — D'après le décret du 7 septembre 1870. (V. C. de la Déf. nat., p. 65.) Les faillis peuvent faire partie de la garde nationale, mais non les banqueroutiers, qui restent exclus.

§ 2. — La *réhabilitation* du condamné à une peine

en activité ; les comptables, magasiniers, préposés de dépôt, distributeurs, infirmiers et autres agents inférieurs des ports, arsenaux et établissements de la marine ; les ouvriers des ports, des arsenaux et manufactures d'armes organisés militairement. Ne sont pas compris dans cette disposition les commis et employés des bureaux de la marine au-dessous du grade d'aide-commissaire ;

3° Les officiers, sous-officiers et soldats des gardes municipales et autres corps soldés ;

4° Les préposés des services actifs des douanes ;

5° Les directeurs et concierges des maisons d'arrêt ; les gardiens-chefs et gardiens ordinaires des prisons, et les autres agents inférieurs de justice et de police ;

6° Ceux que des infirmités mettent pour toujours hors d'état de faire aucun service. La nature de ces infirmités et le mode de les constater seront déterminés par un réglement d'administration publique.

---

afflictive ou infamante, ne peut rendre au condamné la faculté d'entrer dans la garde nationale. Avis du Conseil d'Etat du 19 janvier 1832.

§ 3. — On ne saurait trop recommander aux municipalités de veiller à l'application de l'article 9.

Art. 9. — Sont exclus de la garde nationale :

1° Tous les individus énumérés en l'article 8 de la loi du 31 mai 1850 ;

2° Les individus privés, par jugement, de l'exercice de leurs droits civils et politiques ;

3° Les individus condamnés à trois mois de prison au moins, par application de la loi du 27 mars 1851.

SECTION II

Du service ordinaire et de la réserve.

Art. 10. — Le service de la garde nationale se divise en service ordinaire et service de réserve.

Toutes décisions d'un conseil de discipline à laquelle aurait pris part comme juge un individu exclu par l'art. 9, serait nulle de plein droit.

Articles 10, 11, 12 et 14.

En vertu de la circulaire ministérielle du 14 septembre 1870, dont nous donnons l'extrait (1). Tous

---

(1) **EXTRAIT de la Circulaire ministérielle sur la garde nationale.**

Monsieur le Préfet,

Le Gouvernement, fidèle à sa mission, n'a jamais perdu un seul instant le grand intérêt de la défense nationale sur tout le territoire...

Il importe au plus haut degré de procéder sans retard à l'organisa-

Art. 11. — Les citoyens inscrits sur le contrôle du service ordinaire sont appelés à tous les services d'ordre et de sûreté, ainsi qu'aux exercices et aux revues.

Art. 12. — Les citoyens inscrits sur les contrôles de la réserve ne peuvent être appelés qu'extraordinairement, et en vertu d'un arrêté du préfet.

---

les préfets de la République ont dû faire inscrire sur les listes tous les citoyens de 21 à 60 ans.

Cependant cette circulaire n'a pas été exécutée dans tous les départements. Nous pensons donc que le service n'est obligatoire jusqu'à 60 ans que dans les départements où les préfets ont pris un des arrêtés réguliers, conformément à l'avis du Ministre de l'intérieur.

La circulaire du Ministre n'a pas pu suppléer aux prescriptions de la loi.

Les gardes nationaux âgés de plus de cinquante-

---

tion et à la mobilisation des forces vives du pays. Je veux parler de la garde nationale sédentaire dans toutes les communes.

Il vous prie donc, en conséquence, de vouloir bien ordonner à tous les maires de votre département d'inscrire sur les contrôle, préparés à cet effet, tous les citoyens de vingt et un à soixante ans susceptibles de faire partie de la garde nationale.

Cette première opération terminée, vous appellerez tous les gardes nationaux inscrits à élire leurs officiers, sous-officiers et caporaux, de manière à constituer les cadres de la garde nationale de chaque commune dans le plus bref délai.

Paris, 14 septembre 1870.

Art. 13. — Sont inscrits au contrôle du service ordinaire tous les citoyens âgés de vingt et un ans au moins, domiciliés depuis un an dans la commune, et non compris dans les dispositions de l'article suivant.

Les compagnies et subdivisions de compagnies sont formées des gardes nationaux inscrits sur le contrôle du service ordinaire, dans les circonscriptions où se trouve leur domicile.

Peuvent être, en outre, inscrits au contrôle du service ordinaire dans une commune autre que celle de leur domicile réel, les citoyens qui résident habituellement une partie de l'année dans cette commune.

Dans ce cas, le service est dû, tant dans la commune du domicile réel que dans celle de la résidence habituelle.

Art. 14. — Sont placés dans la réserve :

1° Les citoyens âgés de moins de vingt et

---

cinq ans, ne pourront donc être condamnés que sur la production de l'arrêté du préfet de leur département.

Cette production doit être facile, tous les arrêtés préfectoraux devant être publiés pour être exécutoires.

Le service de la réserve n'ayant pas été organisé à cause de l'état de guerre, l'art. 14 est momentanément sans effet.

un ans, et ceux qui ont moins d'un an de domicile dans la commune ;

2° Ceux pour lesquels le service actuel serait une charge trop onéreuse ;

3° Les préposés du service actif des contributions indirectes, des octrois et des administrations sanitaires, les cantonniers et éclusiers, les gardes champêtres et forestiers ;

4° Les facteurs de la poste aux lettres, les agents des lignes télégraphiques et les postillons des administrations des postes reconnues nécessaires à ces services publics ; les machinistes et chauffeurs des chemins de fer et bateaux à vapeur ;

5° Les portiers et domestiques attachés au service de la personne.

Art. 15. — Peuvent se dispenser du service de la garde nationale :

---

15. § 1. — La dispense n'empêche pas de faire porter les citoyens qui en bénéficient sur les contrôles, seulement les intéressés peuvent provoquer leur raddiation, qui doit être faite sur la justification de leur qualité.

§ 2. — Par membres des cours et tribunaux, il faut entendre : les présidents et les juges de première instance, de commerce et des cours d'appel y compris les juges suppléants.

1° Les membres de l'Assemblée nationale, les ministres et les sous-secrétaires d'Etat ;

2° Les conseillers d'Etat et les maîtres des requêtes ;

3° Les membres des cours et tribunaux et les greffiers de justice de paix ;

4° Les membres des conseils de préfecture ;

5° Les directeurs, médecins et chirurgiens des hôpitaux et hospices civils et des asiles d'aliénés ;

Les citoyens âgés de plus de cinquante-cinq ans :

7° Les anciens militaires ayant cinquante ans d'âge et vingt années de service.

Art. 16. — Sont temporairement dispensés du service de la garde nationale ceux qu'un ser-

---

§ 3.— En ce qui concerne les membres des conseils des prud'hommes, la question est controversée.

A notre avis les prud'hommes ne sont pas exemptés, car ils n'appartiennent point aux cours et tribunaux.

§ 4. — Les greffiers assermentés sont assimilés aux greffiers en chef, et jouissent de la dispense. Cass. 31 juillet 1841.

§ 5. — Les avocats peuvent alléguer la circonstance qu'ils plaident d'office pour être excusés d'un manquement de service, pendant le temps qu'ils étaient à l'audience.

16. § 1. — Le Conseil de recensement et le jury de révision statuent seuls sur les dispenses.

vice public, une absence, une maladie ou une infirmité dûment justifiés d'après les formes qu'établira le réglement du service ordinaire, mettent dans l'impossibilité de faire le service.

Art. 17. — Le service de la garde nationale

---

§ 2. — Le conseil de discipline ne peut, sans excès de pouvoir accorder des dispenses, mais il peut acquitter le garde national poursuivi pour manquement à un service commandé, si celui-ci justifie qu'il était dans l'un des cas de dispense prévu par la loi.

Il est également compétent pour connaître de l'excuse résultant d'un service public, d'une absence, d'une maladie ou d'une infirmité.

§ 3. — Il faut enfin remarquer qu'il s'agit dans cet article de dispenses devant durer un certain temps, et non de la dispense d'un service spécial pour lequel un garde national est commandé.

§ 4. — Ni l'autorité préfectorale, ni l'autorité municipale n'ont le pouvoir de prendre des arrêtés pour dispenser une certaine classe de citoyens de faire leur service pendant un temps plus ou moins long.

§ 5. — Les dispenses de service pour cause d'infirmités sont essentiellement temporaires et révocables. En conséquence, le jury de révision peut, sans excès de pouvoirs et sans contrevenir à l'autorité de la chose jugée, maintenir sur les contrôles du service ordinaire, après nouvelle vérification, un citoyen qui en avait été rayé l'année précedente. Conseil d'État, 6 mai 1848.

17. § 1. — Les fonctionnaires qui ont le droit de requérir la force publique sont :

est incompatible avec les fonctions qui confèrent le droit de requérir la force publique.

Art. 18. — Le service de la garde nationale est personnel ; néanmoins, le remplacement pour le service ordinaire est permis entre le père et le fils, les frères, l'oncle et le neveu, ainsi qu'entre alliés aux mêmes degrés, pourvu toutefois

---

1° Les membres du Parquet, de la Cour et du Tribunal ;
2° Les juges d'instruction ;
3° Les juges de paix et leurs suppléants ;
4° Les commissaires de police ;
5° Les préfets et sous-préfets ;
6° Les maires et les adjoints, faisant fonctions de maire.

§ 2. — L'esprit et le texte absolu de l'art. 17 nous font penser, malgré l'opinion contraire de la jurisprudence ancienne, qu'un citoyen qui remplit les fonctions de maire dans une commune autre que celle de son domicile réel, ne peut faire partie de la garde nationale dans la commune de son domicile.

§ 3. — Les lois précédentes contenaient la nomenclature des fonctionnaires ayant droit de requérir la force publique, mais cette nomenclature étant toujours incomplète, on l'a supprimée dans la loi nouvelle. Il appartient donc au conseil de recensement et au jury de revision de trancher les questions qui peuvent être soulevées.

18. En principe le service est personnel et le remplacement ne peut se faire que dans la limite indiquée par l'art. 18.

que le remplaçant et le remplacé appartiennent à la même compagnie.

Les gardes nationaux de la même compagnie qui ne sont ni parents ni alliés aux degrés ci-dessus désignés, peuvent seulement, et avec l'autorisation des chefs, changer leurs tours de service.

Art. 19. — Peuvent être appelés à faire partie du service ordinaire les étrangers admis à la jouissance des droits civils, conformément à à l'article 13 du Code civil.

Seulement en fait le remplacement a lieu dans des proportions beaucoup plus fortes.

On ne saurait trop signaler les abus qui peuvent résulter de cette pratique réprouvée par la loi.

§ 2. — Le remplacement fait à prix d'argent doit surtout être complètement prohibé. Dès lors, sont contraires à la loi les règlements des conseils de famille, qui autorisent le remplacement à prix d'argent.

§ 3. — Il a été jugé que celui qui ne faisant pas partie de la garde nationale, remplace dans son service un membre de cette garde, n'est pas justiciable du conseil de discipline s'il commet une contravention dans ce service.

19. § 1. — L'étranger peut toujours refuser le service et il ne peut être poursuivi devant un conseil de discipline, pour refus de service, s'il justifie de sa qualité d'étranger. (Cass., 14 mai 1836.)

SECTION III

De l'inscription des gardes nationaux, de leur répartition entre le service ordinaire et la réserve, du jugement des dispenses, etc.

Art. 20. — L'inscription des gardes nationaux sur les contrôles de la garde nationale, leur répartition entre le service ordinaire et la réserve, leur classement entre les compagnies, et l'appréciation des causes de dispense, sont faits par les conseils de recensement, sauf recours devant le jury de révision.

§ 1er. — Des conseils de recensement.

Art. 21. — Il y a par commune, et à Paris par arrondissement, un conseil de recensement.

---

§ 2. — Les tribunaux civils sont seuls compétants pour connaître des questions d'état civil.

20. Toutes les questions que soulèvent ces articles ont éte résolues par le décret du 5 septembre 1851, et la circulaire ministérielle du 12 octobre 1851, art. 2 et suivants.

§ 1. — La loi du 13 juin n'a pas, à l'exemple des lois antérieures, fixé l'époque à laquelle doit se faire chaque année l'inscription des gardes nationaux sur les contrôles.

Dans chaque commune, le nombre des membres de ce conseil est égal à celui des conseillers municipaux ; il est ajouté un membre de plus, si le conseil municipal est constitué en nombre impair.

Les membres du conseil de recensement sont choisis :

Moitié sur la désignation et dans le sein du conseil municipal ;

Moitié par le préfet ou le sous préfet, parmi les citoyens aptes à faire partie du service ordinaire de la garde nationale.

Le maire fait partie du conseil comme membre

L'autorité, chargée de ce soin, peut y procéder, quand il lui plaît, pourvu que ce soit tous les ans.

§ 2. — Les citoyens ne sont pas tenus d'aller se faire inscrire, sous une peine quelconque.

Mais l'inscription une fois faite par l'autorité, elle est réputée légale, tant que le citoyen inscrit n'a pas réclamé.

§ 3. — Les citoyens ont le droit de prendre connaissance des contrôles, seulement *en ce qui les concerne individuellement*, d'où il résulte qu'on ne peut requérir l'inscription ou la radiation d'un autre citoyen.

§ 4. — Une fois inscrit, le citoyen doit l'obéissance provisoire aux ordres de service, sauf les cas d'exemption ou d'excuse.

de droit, et le préside. A son défaut, le conseil est présidé par un adjoint ou par un membre du conseil municipal, désigné par le maire.

A Paris, le conseil de recensement de chaque arrondissement est composé de seize membres nommés par le préfet, en nombre égal pour chaque bataillon, parmi les citoyens faisant partie du service ordinaire de la garde nationale.

S'il y a lieu à établir une légion de cavalerie à Paris, le conseil de recensement sera composé de douze membres choisis par le préfet parmi les gardes nationaux faisant ou ayant fait partie de cette arme.

Il sera présidé par un délégué du préfet.

Art. 22. — Les conseils de recensement sont renouvelés tous les ans par moitié.

Les membres du conseil sont toujours rééligibles.

Art. 23. — Après trois absences consécutives et non justifiées, les membres du conseil sont réputés démissionnaires.

Art. 24. — En cas de réorganisation de la garde nationale après dissolution, ou de dissolution du conseil municipal, le sous-préfet désigne les citoyens qui doivent provisoirement remplacer les membres du conseil de recensement appartenant soit à la garde nationale, soit au conseil municipal dissous.

§ II. — Des jurys de révision.

Art. 25. — Il y a un jury de révision pour chaque canton.

Lorsqu'une ville est le chef-lieu de plusieurs cantons, il n'y a qu'un jury de révision pour tous ces cantons, lors même que leur ressort comprend d'autres communes.

Chaque jury de révision est composé de douze jurés, désignés par le sort sur une liste de cent cinquante gardes nationaux sachant lire et écrire, et âgés de plus de vingt-cinq ans. Cette liste est dressée par le sous-préfet, sur les présentations faites par les maires des diverses communes, à raison de deux cents candi-

---

25. V. Circul. min., art. 8 et suivants.

§ 1. — Le défaut de formation du jury de révision dans une localité ne fait pas obstacle à ce qu'on se pourvoie par appel contre la décision du conseil de recensement, soit par une signification régulière, soit par une simple lettre adressée au de juge paix, président du conseil de révision.

§ 2. — Bien que les pouvoirs des jurés soient annuels, ils n'en continuent pas moins à siéger à l'expiration de leurs pouvoirs jusqu'à ce que leur remplacement ait été opéré. (Conseil d'Etat, 6 janvier 1849.)

dats par chaque canton. Un arrêté du sous-préfet détermine, proportionnellement à la population des diverses communes, le nombre des candidats qui doivent être pris dans chacune d'elles.

Dans tous les cas, il ne sera présenté qu'une liste de deux cents candidats pour la formation d'un jury de révision.

A Paris, le jury de révision est composé d'un nombre de membres égal à celui des légions.

Dans chaque légion, un jury titulaire est désigné par le sort sur une liste de vingt-cinq gardes nationaux remplissant les conditions indiquées au paragraphe 2 du présent article, et faisant partie de la légion.

Ces listes sont dressées par le préfet. Les vingt-cinq gardes nationaux qu'il désigne sont choisis sur une liste de cinquante candidats présentés par le maire de l'arrondissement.

Il est désigné, pour chaque jury, dans les formes déterminées par le présent article, un nombre de suppléants égal à celui des jurés titulaires.

Art. 26. — Le jury de révision est présidé par le juge de paix.

A Paris et dans les villes dont le territoire est divisé en plusieurs cantons, un roulement détermine, d'après les règles fixées par le ministre de la justice, l'ordre dans lequel chacun des juges de paix doit présider.

Art. 27. — Le tirage des jurés et des jurés suppléants est fait par le président du jury, en audience publique. Les membres du jury désignés par le sort, sauf ceux qui auront été temporairement excusés, sont rayés de la liste, et ne peuvent y être rétablis qu'après les élections générales.

Le renouvellement intégral des jurés a lieu à l'époque des élections générales de la garde nationale.

Le jury, constitué suivant le paragraphe 1er du présent article, fonctionne pendant une année entière.

Art. 28. — Le jury ne peut prononcer qu'au nombre de sept membres au moins, y compris le président. Les décisions sont prises à la majorité absolue : en cas de partage, la voix du président est prépondérante.

Art. 29. — Tout juré absent, et non-valablement excusé, est condamné par le juge de paix à une amende de cinq à dix francs.

Art. 30. — Les décisions du jury ne sont

---

30. § 1. — Bien qu'il semble résulter des termes de l'article, que le Conseil d'Etat doit statuer à l'égard des décisions du jury, comme la Cour de cassation

susceptibles de recours devant le conseil d'Etat que pour incompétence, excès de pouvoir, ou violation de la loi.

La contrariété de décisions rendues en dernier ressort, relativement à la même personne, par des conseils de recensement ou des jurys de révision différents, donne lieu au recours devant le Conseil d'Etat.

Art. 31. — Les fonctions de membre du conseil de recensement et de membre du jury de révision sont incompatibles.

Art. 32. — Un décret du président de la République détermine le nombre, le rang et le mode de nomination des rapporteurs, des rapporteurs-adjoints et des secrétaires attachés aux jurys de révision.

à l'égard des décisions judiciaires en dernier ressort, selon nous, le Conseil d'Etat a un certain pouvoir d'apprécier les faits de la cause qui n'appartient pas à la Cour de cassation. Ceci nous paraît résulter des débats législatifs de la loi du 14 juillet 1837, art. 28.

§ 2. — Le recours au Conseil d'Etat n'est pas suspensif. Ainsi, le conseil de discipline n'est pas tenu de surseoir jusqu'à ce qu'il ait été statué par le Conseil d'Etat.

§ III. — **Disposition commune au conseil de recensement et au jury de révision,**

Art. 33. — Les formes de procéder des conseils de recensement et des jurys de révision sont déterminées par un règlemen td'administration publique.

SECTION IV

Formation de la garde nationale.

Art. 34. — La garde nationale, en service ordinaire, est organisée en subdivisions de compagnies, en compagnies, en bataillons, en légions d'infanterie.

---

31. § 1. — Les conseils de discipline ne sont pas juges de la question de savoir si la garde nationale de leur commune a été organisée conformément à la loi.

§ 2. — Les gardes n'ont pas davantage qualité pour critiquer le mode d'organisation que la garde nationale a reçu dans leur commune. Ils ne peuvent que se pourvoir devant l'autorité administrative.

§ 3. — Le classement des gardes nationaux appartient exclusivement aux conseils de recensement, qui ont à cet égard un pouvoir discrétionnaire, sans appel.

V. la loi du 12 août 1870, art. 2.

Des décrets du Président de la République établissent des règles d'après lesquelles ces corps sont formés dans les circonscriptions déterminées par l'article 2.

Il pourra être établi, par décret du Président de la République, les conseils municipaux entendus, des pelotons, escadrons ou légions de cavalerie dans les villes ou cantons où cette organisation sera jugée nécessaire. Partout où il n'existe pas de corps soldé de sapeurs-pompiers, il est, autant que possible, formé des compagnies ou des subdivisions de compagnies de sapeurs-pompiers volontaires, faisant partie de la garde nationale.

Dans les places de guerre, les ports de commerce et dans les cantons maritimes, il pourra être formé, par décret du Président de la République, soit des batteries ou subdivisions de batteries d'artillerie, soit des compagnies ou subdivisions de marins, gardes-côtes et ouvriers de marine.

Dans toutes les autres villes, les batteries ou subdivisions de batteries d'artillerie déjà organisées pourront être maintenues par décret du Président de la République, le conseil municipal entendu.

Ces compagnies et batteries, suivant l'importance de leur effectif, pourront être placées sous le commandement d'un officier supérieur, en restant sous l'autorité du chef de la garde nationale de la circonscription.

L'admission des gardes nationales dans les armes spéciales de cavalerie, de sapeurs-pompiers, d'artilleurs, de marins, de gardes-côtes et d'ouvriers de marine, est prononcée par les conseils de recensement créés par l'article 21, sauf ce qui est dit dans cet article pour la légion de cavalerie de Paris.

Les décisions du conseil de recensement en pareille matière ne sont pas susceptibles de recours devant le jury de révision.

SECTION V

De l'élection aux grades.

Art. 35. — Les gardes nationaux portés sur le contrôle du service ordinaire nomment leurs officiers, sous-officiers et caporaux.

Art. 36. — Toutes les élections sont faites sous la présidence du maire, d'un adjoint ou d'un membre du conseil municipal pris dans l'ordre du tableau, assisté de deux membres du conseil de recensement.

Art. 37. — Les chefs de bataillon et le porte-drapeau sont élus par tous les officiers du bataillon et par un nombre égal de délégués nommés dans chaque compagnie.

Art. 38. — Les chefs de légion et les lieutenants-colonels sont nommés par tous les officiers de la légion réunis aux délégués, qui, aux termes de l'article 37, concourent à la nomination des chefs de bataillon et porte-drapeau.

Art. 39. — Aucun officier supérieur n'est valablement élu qu'autant que plus de la moitié des électeurs ont concouru à l'élection, et qu'il a réuni plus de la moitié des suffrages exprimés.

Art. 40. — Les officiers, sous-officiers, caporaux et délégués ne peuvent être élus que parmi les citoyens inscrits au contrôle du service ordinaire. Néanmoins, les anciens officiers de l'armée qui auraient usé de la dispense qui leur est accordée par l'article 16 peuvent être élus ou nommés à des grades dans la garde nationale.

Les chefs de légion et les lieutenants-colonels peuvent être choisis :

Pour le département de la Seine, dans toute l'étendue du département ;

Pour les autres départements, dans la commune ou dans le canton, suivant que la légion est communale ou cantonale.

Les chefs de bataillon et le porte-drapeau sont choisis :

A Paris et dans les communes où il existe plusieurs légions, dans la circonscription de la légion ;

Dans les autres communes ou cantons, dans la circonscription de la commune ou du canton, selon que le bataillon est communal ou cantonal.

Les officiers de compagnie sont choisis dans la circonscription du bataillon ; les sous-officiers et caporaux, dans la circonscription de la compagnie.

Art. 41. — Les élections d'officiers, sous-officiers et caporaux de compagnie ne sont valables qu'autant que le tiers au moins des gardes nationaux inscrits y a pris part.

Si le nombre des votants est inférieur au tiers, les gardes nationaux seront convoqués de nouveau au jour fixé par le maire.

Si le nombre des votants est encore inférieur au tiers, les gardes nationaux sont convoqués une troisième fois, et l'élection est faite par les électeurs présents, quel que soit leur nombre.

Art. 42. — L'élection des capitaines a lieu successivement pour chaque emploi, au scrutin individuel et secret, et à la majorité absolue des suffrages.

Si l'effectif de la compagnie comporte plusieurs lieutenants ou sous-lieutenants, ces officiers sont élus par bulletins de liste, au scrutin secret, pour chaque grade, et à la majorité des suffrages.

Après deux tours de scrutin, si la majorité absolue n'a été obtenue par aucun des candidats, ou ne l'a pas été par un nombre de candidats égal à celui des emplois à conférer, il est procédé à un scrutin de ballottage sur une liste double du nombre d'officiers restant à nommer, et comprenant les candidats qui ont obtenu le plus grand nombre de voix au second tour.

L'élection ne peut avoir lieu que sur cette liste.

Les lieutenants et sous-lieutenants prennent rang entre eux suivant l'ordre de leur nomination : d'après le nombre des suffrages obtenus, s'ils ont été nommés au même scrutin ; d'après l'âge, si deux ou plusieurs d'entre eux ont obtenu le même nombre de suffrages au même tour de scrutin.

Les délégués sont élus sur bulletins de liste, et à la majorité relative, immédiatement après les officiers.

Les sergents-majors et les fourriers sont élus sur bulletins individuels ; les sergents et caporaux, sur bulletins de liste.

Dans les deux cas, l'élection a lieu à la majorité relative.

Aucun scrutin n'est fermé qu'après un appel et un réappel.

Art. 43. — Tout garde national ayant droit de participer à l'élection a le droit d'arguer les opérations de nullité. Si sa réclamation n'a pas été consignée au procès-verbal, elle est déposée au secrétariat de la mairie, dans les trois jours, à partir du jour de l'élection, à peine de déchéance, et jugée par le conseil de préfecture.

Le préfet ou le sous-préfet peut déférer au conseil de préfecture, dans le délai de quinze jours, à partir du jour où elles ont eu lieu, les élections dans lesquelles les conditions et les formalités légalement prescrites n'ont pas été observées.

Art. 44. — Si les officiers ne sont pas dans les deux mois de leur élection complétement armés, équipés et habillés suivant l'uniforme, ils sont considérés comme démissionnaires et remplacés immédiatement.

Art. 45. — Les officiers, sous-officiers et caporaux sont élus pour trois ans ; toutefois, les officiers, sous-officiers et caporaux qui, dans le cours de la période triennale, transportent leur domicile dans une autre commune ou dans une circonscription autre que celle où leur grade leur avait été conféré, sont remplacés.

Peuvent être également remplacés dans leur grade, en vertu d'une décision du conseil de recensement, les officiers, sous officiciers et caporaux dont l'absence s'est prolongée au-delà de six mois, sans dispense temporaire de service régulièrement accordée.

Art. 46. — Les officiers, sous-officiers et caporaux sont toujours rééligibles.

Art. 47. — Les officiers, sous-officiers et caporaux élus par suite de vacance ne sont nommés que pour le temps pendant lequel ceux qu'ils remplacent devaient encore exercer leurs fonctions

Art. 48. — Les élections générales doivent être terminées dans les six mois qui suivent l'expiration de la période triennale pour laquelle les grades sont conférés. Des décrets du Président de la République en fixent les époques.

Art 49. — Les officiers, sous-officiers et caporaux restent en fonctions jusqu'à la reconnaissance de ceux qui les remplacent.

Art. 50. — Tout officier de la garde nationale peut être suspendu de ses fonctions pendant deux mois, par arrêté motivé du préfet, pris en conseil de préfecture, sur l'avis du maire et du sous-préfet, l'officier préalablement entendu dans ses observations.

La suspension peut être prolongée par un décret du Président de la République.

Si dans le cours d'une année, l'officier n'a pas été rendu à ses fonctions, il est procédé à une nouvelle élection.

L'officier suspendu n'est rééligible qu'aux élections générales.

Art. 51. — Dans les communes où la garde nationale forme plusieurs légions, elle peut être placée sous les ordres d'un commandant supérieur, nommé par le Président de la République.

Art. 52. — Les officiers de l'état-major du commandant supérieur sont nommés par le Président de la République.

Art. 53. — Les chirurgiens-majors, les aides-majors et autres officiers de santé sont nommés par le Président de la République.

Il en est de même des majors et adjudants-majors.

L'adjudant sous-officier est nommé par le chef de légion ou de bataillon.

Le capitaine d'armement est nommé par le commandant supérieur ou le préfet, sur une double présentation faite par le maire et le chef de corps.

Art. 54. — Il sera nommé aux emplois autres que ceux désignés ci-dessus, sur la présentation du chef de corps, par le maire, ou, si les gardes communales sont réunies en bataillon, par le sous-préfet.

Art. 55. — Ces officiers devront avoir leur résidence dans la circonscription de la légion, du bataillon et de la compagnie, selon leur rang.

Art. 56. — Les officiers et sous-officiers, rapporteurs et secrétaires des conseils de discipline, sont choisis par le sous-préfet, sur des listes de trois candidats désignés par le chef de corps.

Ils sont nommés pour trois ans et peuvent être réélus.

Le préfet, sur le rapport des maires et des chefs de corps, pourra les révoquer : il sera immédiatement pourvu à leur remplacement par le mode ci-dessus indiqué.

Aet. 57. —Les militaires des armées de terre et de mer placés dans une des positions énumérées en l'article 8 de la présente loi, ne peuvent être appelés dans la garde nationale à aucun autre emploi que ceux de commandant supérieur et de chef d'état-major.

SECTION VI

Des armes et de l'uniforme.

Art. 58. — Les communes sont responsables, sauf leur recours contre les gardes nationaux, des armes que le Gouvernement a jugé nécessaire de leur délivrer ; ces armes restent la propriété de l'Etat.

L'entretien de l'armement est à la charge du garde national ; les réparations, en cas

---

58. § 1. — La responsabilité de la commune ou du garde national ne disparaît que lorsque la perte ou la destruction de l'arme ne peuvent leur être imputées à faute.

§ 2. — Les maires procèdent à la distribution des armes qu'ils ont reçues des préfets.

§ 3. — Les maires peuvent retirer les armes des mains des gardes nationaux condamnés pour refus de service, bien qu'ils soient maintenus sur les contrôles. (Inst. min. du 18 février.)

Ils peuvent même les retirer des mains des gardes nationaux qui ne peuvent, sans inconvénient, en rester détenteurs. (Loi du 24 août 1790, art. 3.)

§ 4. — La vente, le détournement ou la destruction volontaire des armes et munitions qui leur sont confiés, par les gardes nationaux, sont punis conformément à l'art. 408 du C. pénal. (V. note de l'art. 81.)

d'accident causé par le service, sont à la charge de la commune.

Les gardes nationaux détenteurs d'armes appartenant à l'Etat, qui ne présentent pas ou ne font pas présenter ces armes aux inspections annuelles prescrites par les réglements, peuvent être condamnés à une amende de un franc au moins et de cinq francs au plus, au profit de la commune.

Cette amende est prononcée et recouvrée comme en matière de police municipale.

Art. 59. — L'uniforme est obligatoire pour tous les officiers.

---

59. Depuis l'origine de la garde nationale, l'uniforme a été considéré comme obligatoire. (Loi du 14 octobre 1791.) Mais il n'a pas toujours été facile aux gardes nationaux, surtout dans les communes rurales, de se le procurer.

L'état de guerre où est la France fait actuellement un devoir impérieux aux municipalités de veiller à ce que tous les gardes nationaux possèdent un uniforme, ou soient au moins revêtus du képi et de la vareuse, ainsi que l'ordonnent les décrets de 1870, sur la levée en masse. (V. le Code de la Déf. nat., Levée en masse.)

L'article 76, § 5, punit le refus de faire le service en uniforme.

Il est obligatoire pour les sous-officiers, caporaux et gardes nationaux des chefs-lieux de département et d'arrondissement, et pour toutes les communes qui ont une population agglomérée de plus de trois mille âmes.

Il peut être rendu obligatoire dans les autres communes, de l'avis du conseil municipal, par décret du Président de la République.

L'uniforme est déterminé par des décrets du Président de la République.

SECTION VII

Des préséances.

Art. 60. — Les diverses armes dont se compose la garde nationale sont assimilées, quant aux préséances, aux armes correspondantes de l'armée.

Les sapeurs-pompiers sont assimilés aux sapeurs-mineurs.

Néanmoins, quand la garde nationale est

60-61. Les chefs des administrations civiles et les employés sous leurs ordres, quand ils sont convoqués en même temps comme gardes nationaux et

réunie, les différentes armes doivent prendre la place qui leur est assignée par l'officier qui commande.

Art. 61. — Dans tous les cas où les gardes nationales sont de service avec des corps soldés, elles prennent le rang sur eux.

Le commandement dans les fêtes et cérémonies appartient à celui des officiers des divers corps qui a la supériorité du grade ; à grade égal, à celui qui est le plus ancien, et, à l'égalité d'ancienneté, au plus âgé.

Tous les officiers nommés pour la première fois ou promus aux élections générales sont réputés avoir été élus le même jour.

L'ancienneté de grade est comptée aux officiers, sous-officiers et caporaux de la garde nationale de l'époque à partir de laquelle ils ont été, sans aucune interruption, en possession de leur grade.

---

comme fonctionnaires, les jours de solemnités politiques, doivent suivre la loi de leur position spéciale.

SECTION VIII

Des dépenses de la garde nationale.

Art. 62. — Les dépenses de la garde nationale sont votées, réglées et surveillées comme toutes les autres dépenses municipales.

Art. 63. — Les dépenses de la garde nationale sont obligatoires ou facultatives.

Les dépenses obligatoires sont :

1° Les frais d'achat de drapeaux, tambours et trompettes ;

2° Les réparations, l'entretien et le prix des armes, sauf recours contre les gardes nationaux, aux termes de l'article 58 ;

3° Le loyer, l'entretien, le chauffage, l'éclairage et le mobilier des corps de garde ;

4° Les frais de registres, papiers, contrôles,

62-63. § 1. — Les dépenses de la garde nationale ont toujours été à la charge de la commune. Elles doivent être votées, réglées et surveillées comme les autres dépenses municipales. (Loi du 18 juillet 1837, art. 30, § 11.)

§ 1. — La nourriture des gardes nationaux détenus dans les maisons d'arrêt pour infractions à la discipline n'est pas à la charge des communes, mais bien des gardes nationaux.

billets de garde et tous les menus frais de bureaux qu'exige le service de la garde nationale ;

5° La solde et l'habillement des tambours et trompettes, dans les communes où l'uniforme est obligatoire.

Toutes autres dépenses sont facultatives.

Art. 64. — Lorsqu'il est créé des bataillons cantonaux, la répartition de la partie afférente à chaque commune du canton dans les dépenses obligatoires du bataillon, autres que celles des compagnies, est faite par le préfet, en conseil de préfecture, après avoir pris l'avis des conseils municipaux.

Cette répartition a lieu proportionnellement à la population de chaque commune, et à son contingent dans le principal des quatre contributions directes.

Art. 65. — Il y a, dans chaque légion ou

---

65. V. le décret du 3 septembre 1851 sur la composition des conseils d'administration.

§ 1. — Ces conseils sont des êtres moraux dont l'existence est continue et indépendante du renouvellement des membres qui les composent.

§ 2. — Ils ne peuvent être mis directement et individuellement en cause pour le paiement des fournitures qu'ils ont commandées à des tiers.

chaque bataillon formé par les gardes nationaux d'une même commune, un conseil d'administration chargé de présenter annuellement au maire l'état des dépenses nécessaires pour le service de la garde nationale et de viser les pièces justificatives de l'emploi des fonds.

Il y a également par bataillon cantonal, un conseil d'administration chargé des memes fonctions, et qui doit présenter au sous-préfet l'état des dépenses du bataillon.

La composition de ces conseils est déterminée par un réglement d'administration publique.

Art. 66. — Dans les communes où la garde nationale comprend une ou plusieurs compagnies non réunies en bataillon, l'état des dépenses est soumis au maire par le commandant.

---

§ 3. — Les tiers ne peuvent poursuivre pour le paiement de leurs fournitures, que le chef du corps pour lequel elles ont été faites (chefs de légion ou commandants).

Du Conseil de famille.

§ 4. — A côté des conseils d'administration, il existe dans beaucoup de compagnies un conseil de famille composé d'une manière plus ou moins variable.

Cette institution n'est pas reconnue par la loi.

Pour les corps spéciaux, l'état des dépenses sera présenté par le conmmandant de la garde nationale, après avoir pris l'avis du commandant de ce corps.

TITRE III

Du service ordinaire de la garde nationale.

Art. 67. — Le réglement relatif au service ordinaire, aux revues, exercices et prises d'armes est arrêté :

Elle a surtout été créée pour régler les dépenses spéciales de la compagnie, et pour centraliser et distribuer les secours de bienfaisance.

§ 6. — D'après la jurisprudence de la Cour de cassation, les conseils de famille institués dans le sein des compagnies sont incompétents pour connaître des infractions disciplinaires commises par les gardes nationaux qui font partie de cette compagnie. (Cass., 24 août 1850.)

§ 7. — Les réglements faits par les compagnies pour leurs conseils de famille, portent quelquefois que les membres de ces conseils seront dispensés de telle ou telle partie du service.

Ces dispenses sont contraires à la loi.

§ 8. — Les mêmes réglements s'occupent quelquefois aussi du remplacement pour un service commandé, et tarifent à prix d'argent la faculté de faire faire son service par un autre garde.

Rien de plus illégal.

67. § 1. — L'autorité municipale doit se borner à

Pour le département de la Seine, par le ministre de l'intérieur, sur la proposition du commandant supérieur, de l'avis du préfet de la Seine.

Pour les villes et communes des autres départements, par le maire, sur la proposition du commandant de la garde nationale, et sous l'approbation du sous-préfet.

Les chefs pourront, en se conformant à ce réglement, et sans réquisition particulière, mais après en avoir prévenu l'autorité municipale, faire toutes les dispositions et donner tous les ordres relatifs au service ordinaire, aux revues et aux exercices.

Lorsque le service de place est fait en commun par les postes de la garde nationale et de la troupe de ligne, la surveillance reste séparée, excepté dans les cas prévus par le paragraphe 3 de l'article 4 de la présente loi.

Dans les villes de guerre, la garde nationale ne peut prendre les armes ni sortir des barrières

régler le service, sans pouvoir, par des dispositions spéciales, porter atteinte à l'économie de la loi.

§ 2. — Une fois que le réglement a été fait, les commandants ou chefs de corps peuvent, en se conformant à ce réglement, et, après avoir prévenu l'autorité municipale, faire toutes les dispositions et

qu'après que le maire en a informé par écrit le commandant de la place.

Le tout sans préjudice de ce qui est réglé par les lois spéciales pour l'état de guerre et l'état de siége dans les places.

Art. 68. — Lorsque la garde nationale est organisée en bataillons cantonaux et en légions, le réglement sur les exercices est arrêté par le sous-préfet, de l'avis des maires des communes, et sur la proposition du commandant pour chaque bataillon isolé, et du chef de légion pour les bataillons réunis en légion.

Art. 69. — Le préfet peut suspendre les revues et exercices dans les communes et dans les cantons, à la charge d'en rendre immédiatement compte au ministre de l'intérieur.

---

donner tous les ordres relatifs au service ordinaire, aux revues et aux exercices.

Et ces services, revues et exercices sont obligatoires pour tous les gardes nationaux placés sous leurs ordres.

§ 3. — Pour l'ordre du service, il est dressé par les sergents-majors un contrôle de chaque compagnie, signé du capitaine, et indiquant les jours où chaque garde national aura à faire son service.

§ 4. — En cas de négligence du sous-officier ou de l'officier chargé d'organiser le service, le conseil de discipline peut être saisi. (Art. 76 et 77.)

Art. 70. — Tout garde national commandé pour le service doit obéir, sauf à réclamer ensuite, s'il s'y croit fondé, devant le chef du corps.

---

70. § 1. — Aucune distinction n'est à faire entre les chefs et les simples gardes.

Un officier doit obeir tant que sa démission n'a pas été acceptée.

§ 2. — Cependant, malgré les termes absolus de l'article, la doctrine reconnaît, qu'en cas d'ordre manifestement illégal, le devoir du garde national serait d'y résister ; mais ce serait à ses risques et périls, dans le cas où il n'aurait pas bien interprété ce qui est licite de ce qui ne l'est pas.

§ 3. — Le mot *service*, placé dans l'article, limite l'obéissance provisoire aux choses du service proprement dit.

§ 4. — C'est en vain que le citoyen prétendait qu'il ignorait son inscription sur les registres, ou qu'il avait l'intention de réclamer.

§ 5. — L'obéissance est due, lors même que le garde national commandé justifieraît qu'il est en instance pour faire annuler l'élection du chef qui a donné l'ordre.

§ 6. — Les chefs de corps peuvent, sous leur responsabilité, dispenser un garde national d'un service commandé, mais ils ne peuvent accorder des dispenses absolues temporaires de service, sans empiéter sur les pouvoirs des conseils de recensement.

§ 8. — Les maires ne possèdent pas davantage ce droit. Il en est de même des préfets et sous-préfets.

TITRE IV

De la discipline.

SECTION PREMIÈRE

Des peines.

Art. 71. — Les chefs de poste ou de détachement peuvent ordonner :

1° Une faction, patrouille ou autre service hors tour contre tout garde national qui a manqué à l'appel ou s'est absenté du poste sans autorisation ;

2° La détention dans la prison du poste,

Les Conseils de discipline peuvent passer outre à ces dispenses sans violer aucune loi. (Cass., 28 décembre 1832.)

§ 9. — Les fonctionnaires publics ne peuvent exiger l'obéissance provisoire, hors les cas de réquisition prévus par la loi.

71. § 1. — Les chefs de poste, ou de détachement, ne peuvent plus, comme sous l'empire de la loi du 22 mars 1831, ordonner une garde hors tour.

§ 2. — En dehors des infractions prévues par le n° 2, dès que le fait est assez grave pour mériter d'être puni plus sévèrement, le chef de poste doit faire son rapport à son supérieur, qui pourra saisir le conseil de discipline.

jusqu'à la relevée de la garde, de tout sous-officier, caporal ou garde national de service en état d'ivresse, ou qui s'est rendu coupable de bruit, tapage, voies de fait ou de provocation au désordre ou à la violence; sans préjudice de renvoi au conseil de discipline, si la faute emporte une punition plus grave.

Art. 72. — Les conseils de discipline peuvent infliger les peines suivantes :

1° La réprimande ;

2° La réprimande avec mise à l'ordre des motifs du jugement ;

3° La prison pour six heures au moins et trois jours au plus, avec ou sans mise à l'ordre ;

4° La privation du grade, avec mise à l'ordre ;

§ 3. — Par ces mots : chefs de poste ou de détachement, en entend celui qui commande, quel que soit son grade.

§ 4. — Cet article semble refuser aux officiers de ronde le droit de prononcer directement des peines. Ils ne peuvent que donner des ordres aux chefs de poste et faire leur rapport.

72. (V. Inst. min., n° 1 et suivants.)

§ 1. — La première condition pour que les conseils de discipline soient compétents, est que l'infraction qui leur est déférée, soit relative au service. Toutes

3° La radiation des contrôles avec mise à l'ordre.

S'il n'existe dans la commune ni prison spéciale pour l'exécution des jugements du conseil de discipline, ni local en tenant lieu, la peine de la prison est remplacée par une amende de un franc à quinze francs au profit de la commune du contrevenant.

---

les autres infractions sont de la compétence des tribunaux ordinaires;

§ 2. — Le conseil de discipline est seul compétent pour connaître de l'identité d'un citoyen inscrit sur les contrôles, lorsque cette question est soulevée. (Cass., 30 août 1849.)

§ 3. — Pour statuer sur tous les motifs d'excuse d'exemption, de dispense légale, invoqués devant lui;

D'interdiction ou d'exclusion légale, pourvu que des questions d'état-civil ne soient pas soulevées;

§ 4. — Le *cumul des peines* est prohibé, pour les peines prononcées par l'art. 72. Cependant, d'après la jurisprudence de la Cour de cassation, l'art. 365, § 2, du C. Ins. Crim., d'après lequel, en cas de plusieurs crimes ou délits, la peine la plus forte est seule prononcée, n'est pas applicable par les conseils de discipline. (Cass., 16 mars 1843.)

En conséquence, le garde national inculpé de plusieurs doubles manquements à des services d'ordre et de sûreté, peut être condamné à autant de peines d'emprisonnement distinctes. (Cass., 19 janvier 1849.)

§ 5. — La *prescription*, relativement aux contraventions à la loi du 13 juin, se règle d'après les dispositions du droit commun en matière de contravention de police. Elle est d'une année, à partir du fait répréhensible. (Art. 640 du C. Ins. Crim.)

Le moyen tiré de la prescription doit être suppléé d'office par le conseil de discipline. (Cass., 21 juin 1844.)

§ 6. — Les conseils de discipline peuvent, comme les tribunaux correctionnels, lorsque le fait articulé par la citation est dépouillé de sa gravité par suite des débats, appliquer la peine la moins forte encourue pour le fait ainsi réduit, et spécialement, un garde national cité pour insubordination et désobéissance, et qui n'a été déclaré coupable que d'une inconduite légère, peut être condamné à la peine de la seule réprimande. (Cass., 18 novemb. 1843.)

Toutefois, la gravité plus ou moins grande de la peine encourue ne saurait fournir au conseil une dispense d'appliquer la loi. Ainsi, il y aurait violation de la loi dans le fait, par un conseil, de renvoyer de la plainte le prévenu d'un outrage envers un chef, sur le seul motif qu'il encourait la dégradation, ce qui serait deshonorant. (Cass., 3 avril 1835.)

§ 7. — Le droit de faire grâce n'appartient qu'au chef du pouvoir exécutif.

Il en résulte qu'une contravention aux règles du service ne pourra être amnistiée par le commandant, un maire, un conseil municipal, un préfet. (Cass., 20 juillet 1844.)

Cependant, le commandant est juge de l'opportunité de la poursuite.

§ 8. — La *réprimande*, soit simple, soit avec mise à l'ordre, est la plus légère des peines édictées par la loi du 13 juin. Lors des débats législatifs, on reprochait à cette peine d'être insignifiante. Le rapporteur a répondu, avec raison : « Nous croyons ne pas nous tromper en affirmant qu'il y a heureusement peu de personnes qui ne soient encore fort sensibles, pour un léger manquement, à se voir publiquement réprimandées par un conseil de discipline, devant lequel il faut absolument, comparaître, et qui, de plus, peut faire insérer son jugement à l'ordre de la compagnie. Il est besoin d'ailleurs d'une gradation dans les peines, et la prison, pour une première infraction, nous paraîtrait trop sévère.

La peine de la réprimande ne peut pas être aggravée par le conseil de discipline.

Ainsi, le conseil ne peut ordonner qu'une réprimande, avec mise à l'ordre, sera lue publiquement à la tête de la garde nationale assemblée pour une revue. (Cass., 5 juillet 1850.)

§ 9. — *De la privation du grade.* Il n'est point facultatif aux conseils de discipline de ne pas prononcer la privation du grade contre l'officier, sous-officier ou caporal condamné à l'emprisonnement après avoir subi dans l'année une première condamnation du conseil de discipline.

§ 10. — *De la radiation des contrôles.* Cette disposition s'applique à tous les gardes nationaux, officiers, sous-officiers, caporaux et simples gardes; la radiation est facultative. (V. Inst. min., 14 et 15.)

§ 11. — *De la commutation de la peine de la prison en amende.* En principe, le garde national condamné à la prison doit subir sa peine dans sa commune.

Il ne doit pas être déplacé, il faut qu'il puisse faire venir ses aliments de son domicile.

Art. 73. — Est puni, selon la gravité des cas, de l'une des peines énoncées sous les numéros 1, 2, 3 et 4 de l'article précédent, tout officier qui, tient une conduite qui compromet son caractère ou porte atteinte à l'honneur de la garde nationale.

Est puni de l'une des mêmes peines, selon la gravité des cas, tout officier ou chef qui commet une infraction aux règles du service, à la

S'il y a impossibilité matérielle à ce qu'il subisse sa peine dans la commune, parce que cette commune ne possède pas de prison, la peine prononcée doit être remplacée par une amende de 1 à 15 francs.

Il a été jugé que la commutation de peine n'est possible qu'à défaut de prison ou de local en tenant lieu. (Cass., 12 août 1835.)

§ 12. — Un conseil de discipline ne peut prononcer que la peine de la prison sera subie dans la prison d'une commune voisine. (Cass., 3 mai 1838.)

§ 13. — Dans aucun cas, la peine de la prison n'est commuable en une peine autre que celle de l'amende. C'est aux conseils de discipline qu'il appartient d'apprécier l'amende à infliger pour commutation de la peine de l'emprisonnement.

§ 14. — L'art. 72 ne s'applique pas aux peines prononcées par le Tribunal correctionnel.

73. § 1. — L'article ne s'applique qu'au garde national *de service ou en uniforme*, hors de ces deux cas, il n'est plus qu'un simple particulier qui échappe à l'action disciplinaire.

discipline ou à l'honneur de la garde nationale, et, notamment, qui contrevient à l'article 5 de la présente loi.

Art. 74. — Est puni de la prison tout officier ou sous-officier, chef de poste ou de détachement, qui, étant de service, s'est rendu coupable :

D'inexécution d'ordres reçus ou d'infraction à l'article 6 de la présente loi ;

---

§ 2. — Le conseil de discipline n'est pas juge souverain pour qualifier la *conduite compromettant le caractère de l'officier* ou *portant atteinte à l'honneur de la garde nationale.*

Il peut constater les faits, mais la Cour de cassation a le droit de vérifier si les faits constatés doivent rentrer dans ceux prévus par l'art. 73.

§ 3. — *Infraction au service, atteinte à la discipline ou à l'ordre public.* Cette disposition prévoit toutes les infractions au service non définies par la loi.

Ici, les définitions théoriques sont impuissantes à prévoir les mille espèces qui peuvent se présenter, l'arbitraire qui semble être laissé à l'appréciation des conseils de discipline est toutefois refréné par la possibilité d'un recours en cassation.

Il est seulement fâcheux que ce recours soit difficile et coûteux.

74. § 1. — L'inexécution des ordres ne doit pas être confondue avec la *désobéissance*. L'inexécution est le

De manquement à un service commandé ou d'absence du poste non autorisée ;

D'inexactitude à signaler dans les formes requises les fautes commises par ses subordonnés ;

De désobéissance ;

D'insubordination ;

De manque de respect, de propos offensants ou d'insultes envers son supérieur ;

De propos outrageants envers un subordonné ou d'abus d'autorité.

---

résultat de l'oubli, de la négligence et non d'une mauvaise intention, tandis que la désobéissance est intentionnelle et réfléchie. (V. aussi notes de l'article 76.)

§ 2. — Il faut, en outre, que le service soit commandé.

§ 3. — Quelque soit le mode de commandement employé, ordre écrit, ordre verbal, rappel, affiche, c'est au conseil de discipline qu'il appartient de juger souverainement s'il a été suffisant.

§ 4. — Il ne faut pas confondre l'abus d'autorité avec l'excès de pouvoir. L'abus d'autorité suppose une molestation individuelle, tandis que l'excès de pouvoir n'a pas de caractère vexatoire.

§ 5. — Le garde national qui a été l'objet d'insultes ou de propos outrageants de la part d'un autre garde national, officier ou simple garde, traduit pour

Art. 75. — Dans le cas où l'ordre public est menacé, tout garde national qui, sans excuse légitime, ne se rend pas à l'appel, est puni d'un emprisonnement qui ne pourra excéder trois jours.

Tout officier, sous-officier ou caporal est en outre privé de son grade.

Le jugement est mis à l'ordre.

Le conseil de discipline peut, de plus, prononcer contre les condamnés la radiation des contrôles du service ordinaire pour un temps qui n'excédera pas cinq années, et ordonner l'affiche du jugement à leurs frais.

Tout garde national rayé des contrôles du service ordinaire est immédiatement désarmé.

---

ce fait devant le conseil de discipline, ne peut se porter partie civile, devant cette juridiction, pour demander des dommages-intérêts.

Il doit saisir la juridiction ordinaire.

75, § 1. — Cet article est applicable à tous les gardes nationaux, quel que soit leur grade ou leur fonction.

§ 2. — La peine de la prison n'est pas facultative, pas plus que la privation du grade, s'il s'agit d'un officier, sous-officier ou caporal. Il en est de même pour la mise à l'ordre.

§ 3. — La radiation est seule laissée à la discrétion des conseils de discipline.

Art. 76. — Peut être puni, selon la gravité des cas, de la réprimande, de la réprimande avec mise à l'ordre ou de la prison pour deux jours au plus et trois en cas de récidive :

1° Tout sous-officier, caporal ou garde national coupable d'inexécution des ordres reçus, de désobéissance, d'insubordination ou de refus d'un service commandé.

Sont considérés comme services commandés, non-seulement les services commandés dans la

---

§ 4. — La loi n'a pas spécifié la nature du commandement ou de l'appel qui devra être fait.

Il suffit que le garde national soit prévenu par un fait ou un moyen quelconque qu'il est appelé aux armes. (V. § 3 de la note sur l'art. 74; voir aussi C. pén., art. 234.)

76. Les peines édictées par cet article sontfacultatives. (V. Ins. crim., n° 12 et suivants.)

§ 1. — *Inexécution des ordres donnés*. L'art. 76 est l'application de l'art. 74 aux simples soldats (V. notes de l'art. 74.)

§ 2. — Le *refus d'un service commandé* ne doit pas être confondu avec la désobéissance et l'insubordination, mais il n'en constitue pas moins une infraction à la loi, punissable des peines portées à l'art. 76.

Pour qualifier ces diverses infractions, les conseils de discipline, et avant eux les capitaines rap-

forme ordinaire, mais encore les prises d'armes par voie de rappel ou de convocation verbale ;

2° Tout sous-officier, caporal ou garde national de service qui est en état d'ivresse, profère des propos offensants contre l'autorité ou tient une conduite qui porte atteinte à la discipline ou à l'ordre ;

3° Tout sous-officier, caporal ou garde national de service qui abandonne ses armes, sa faction ou son poste avant d'être relevé.

L'arrivée tardive au lieu de rassemblement, l'absence du poste sans autorisation, et l'ab-

---

porteurs, doivent rechercher avec soin quelle a été l'intention du contrevenant.

§. 3. — Il appartient au conseil de discipline d'apprécier l'état d'ivresse ; l'ivresse n'est pas une excuse dans notre législation.

§ 4. — Par autorités, il faut entendre : le chef du gouvernement, les assemblées nationales, les ministres, les tribunaux, les préfets, en un mot les pouvoirs publics.

§ 5. — Les *propos offensants*, sont toutes les expressions qui, sans être de nature à constituer des injures, des menaces, ou une diffamation justiciable des tribunaux ordinaires, sont cependant déplacées dans la bouche d'un citoyen qui a l'honneur de veiller à l'ordre public.

sence prolongée au-delà du terme fixé par l'autorisation, peuvent être considérés comme abandon du poste ;

4° Tout sous-officier, caporal ou garde national qui enfreint l'article 5 de la présente loi ;

5° Tout sous-officier, caporal ou garde national dont l'armement est mal entretenu, ou qui ne fait pas son service en uniforme, dans les communes où l'uniforme est obligatoire.

Art. 77. — Les infractions commises par les

---

§ 6. — Les injures et les outrages sont également de la compétence des conseils de discipline, toutes les fois qu'ils ne revêtent pas le caractère d'un délit justiciable du tribunal correctionnel. Code pénal, art. 209 et suivants.

§ 7. — Pour toutes les infractions, les rapports des officiers ou chefs de poste ne font foi que jusqu'à la preuve du contraire, qui peut toujours être offerte par le garde prévenu d'infraction.

77. § 1. — D'après les art. 52, 53, les officiers dont il est fait mention dans l'art. 77 sont nommés par le chef du pouvoir exécutif, les préfets, sous-préfets ou les maires, selon leurs fonctions, et ils sont soldés.

On comprend donc qu'à leur égard les règles de la discipline puissent être plus sévères.

De là les dispositions de l'art. 77, qui autorisent le commandant supérieur, ou le chef de corps, à prononcer une peine sans l'intervention du conseil de

officiers de l'état-major général, par les majors, adjudants-majors et les adjudants sous-officiers, sont punies des peines suivantes :

Les arrêts simples ;

Les arrêts forcés, avec remise d'armes.

En aucun cas, ces arrêts n'excèderont dix jours.

Les arrêts simples peuvent être appliqués par le supérieur à l'inférieur.

Les arrêts forcés ne sont prononcés que par le commandant supérieur ou le chef du corps.

Art. 78. — Pour les infractions prévues par l'article 76 de la présente loi, les tambours-majors, tambours-maîtres, tambours et trom-

---

discipline, pour les infractions légères; les conseils de discipline étant compétents pour les autres infractions.

Les commandants et chefs de corps peuvent, en outre, provoquer la révocation de ces officiers et sous-officiers, auprès des fonctionnaires qui ont fait les nominations.

78. Cet article, ne visant que les dispositions de l'art. 76, il en résulte que, pour les infractions prévues par l'art. 75, le conseil de discipline est seul compétent. (V. art. 63.)

Si les tambours ou trompettes n'étaient pas soldés, ils ne seraient justiciables que des conseils de disci-

pettes soldés peuvent être punis, par tout officier sous les ordres duquel ils se trouvent, de la prison pour un temps qui n'excédera pas trois jours.

Dans les communes et les cantons où la garde nationale est formée en légion ou en bataillon, cette peine peut être, selon les circonstances, élevée jusqu'à dix jours de prison par le chef de légion ou le chef de bataillon.

Art. 79. — Est privé de son grade par le jugement de condamnation tout officier, sous-officier ou caporal qui, après une première condamnation, est, dans les douze mois, puni de la prison, pour une seconde infraction, par le conseil de discipline.

Art. 80. — Tout officier, sous-officier ou caporal privé de son grade par jugement ne peut être réélu qu'aux élections générales.

---

pline, comme les autres gardes nationaux qui font un service gratuit.

79-80. § 1. — Il ne suffit pas, pour constituer la récidive, qu'il y ait réitération d'infraction ; il faut que la seconde infraction ait été commise après que la première a été l'objet d'une condamnation dans l'année.

§ 2. — Il faut aussi que la condamnation anté-

Art. 81. — Le garde national qui vend, détourne ou détruit volontairement les armes de guerre, les munitions ou les effets d'équipement qui lui ont été confiés, est traduit devant le tribunal de police correctionnelle et puni de la peine portée en l'article 408 du Code pénal, sauf l'application de l'article 463 du même Code.

Le jugement de condamnation prononce la restitution, au profit de la commune, du prix des armes, munitions ou effets.

Art. 82. — Tout garde national qui, dans l'espace d'une année, a subi deux condamna-

---

rieure ait acquis l'autorité de la chose jugée. Cass., 11 octobre 1850.

§ 3. — Une fois que la récidive est constatée, la privation du grade est obligatoire.

§ 4. — La privation du grade est l'accessoire de la peine de la prison.

81. Les peines prononcées par l'art 408 du Code pénal, sont celles de l'art. 406, qui prononce un emprisonnement de deux mois au moins, de deux ans au plus, et une amende qui ne pourra excéder le quart de la valeur des objets détournés, ni être moindre de 25 francs.

L'application de l'art. 463 peut permettre au juge de ne prononcer qu'une amende de 16 francs.

82. La radiation est facultative. Aux termes des numéros 14 et 15, de l'Ins. min. du 10 octobre 1851.

tions du conseil de discipline peut être, par le jugement qui prononce la seconde condamnation, rayé des contrôles du service ordinaire, pour deux années au plus, avec mise à l'ordre.

Art. 83. — Aprés deux condamnations pour refus de service, le garde national est, en cas de troisième refus de service dans l'année, traduit devant le tribunal de police correctionnelle, et condamné à un emprisonnement qui ne peut être moindre de six jours ni excéder dix jours.

En cas de récidive dans l'année, à partir du jugement correctionnel, le garde national est traduit de nouveau devant le tribunal de police correctionnelle, et puni d'un emprisonnement qui ne peut être moindre de dix jours ni excéder vingt jours.

La radiation ne doit être prononcée qu'avec la plus grande circonspection.

83. § 1. — La récidive n'existe qu'autant que les deux jugements rendus ont acquis l'autorité de la chose jugée. (V. art. 79 et notes.)

§ 2. — Le conseil de révision, saisi une troisième fois dans l'année d'une infraction par un garde national, ne peut connaître de l'affaire sans empiéter sur la compétence des tribunaux correctionnels.

Les rapporteurs et même les juges doivent d'office soulever l'incompétence.

Il est, en outre, condamné aux frais et à une amende qui ne peut être moindre de seize francs, ni excéder trente francs dans le premier cas, et, dans le deuxième, être moindre de trente francs ni excéder cent francs.

Art. 84. — Dans le cas où un chef de corps, poste ou détachement est poursuivi, devant les tribunaux, comme coupable des délits prévus par les articles 234 et 258 du Code pénal, la poursuite entraîne la suspension ; en cas de condamnation, le jugement prononce la perte du grade.

---

84. § 1. — Article 234 du Code pénal.

« Tout commandant, tout officier ou sous-officier de la force publique qui, après en avoir été légalement requis par l'autorité civile, aura refusé de faire agir la force à ses ordres, sera puni d'un emprisonnement d'un mois à trois mois, sans préjudice des réparations civiles qui pourraient être dues aux termes de l'art. 10 du présent Code. »

Art. 258. — « Quiconque, sans titre, se serait immiscé dans des fonctions publiques, civiles ou militaires, ou aura fait les actes d'une de ces fonctions, sera puni d'un emprisonnement de deux à cinq ans, sans préjudice de la peine de faux, si l'acte porte le caractère de ce crime. »

L'art 463 est applicable.

SECTION II

Des conseils de discipline.

Art. 85. — Il y a un conseil de discipline,

1° Par bataillon communal ou cantonal;

2° Par commune ayant une ou plusieurs compagnies non réunies en bataillon;

2° Par compagnie formée de gardes nationaux de plusieurs communes.

---

85. Le meilleur commentaire qui ait été fait sur la procédure des conseils de discipline se tronve dans l'Instruction ministérielle du 10 octobre 1851, à laquelle il faut toujours recourir en cas de doute.

§ 1. — Les conseils de discipline sont en réalité des tribunaux de simple police. (V. art. 464 du Code pénal.)

§ 2. — Ils jugent toutes les infractions relatives au service qui ne sont pas passibles d'une peine correctionnelle.

§ 3. — Les conseils de discipline, de même que les autres juridictions françaises ne peuvent pas statuer par voie réglementaire. (Art. 5 du Code civil.)

§ 4. — Ils ne peuvent pas davantage connaître des choses qui rentrent dans les attributions de l'autorité administrative. Principe de la séparation des pouvoirs.

§ 5. — Ainsi, par exemple, un conseil de discipline ne peut pas apprécier ou critiquer, au point de vue de la légalité ou de l'illégalité, l'organisation de la garde nationale dans une commune;

La validité de la révocation d'un officier; le mérite d'un réglement sur la garde nationale émanant d'une autorité compétente.

§ 6. — Il en résulte que les conseils de discipline ne peuvent s'immiscer en rien dans la formation ou la modification des registres du contrôle.

Ni connaître des questions de domicile, de résidence, de dispense, d'excuses, qui sont de la compétente des conseils de recensement.

§ 7. — Ils ne peuvent pas davantage connaître de faits imputés à des individus ne faisant pas partie de la garde nationale, lors même que ceux-ci auraient commis des infractions en faisant, comme remplaçants, le service des gardes nationaux.

§ 8. — Ils doivent surseoir à statuer toutes les fois que le garde national, cité devant eux, justifie qu'il a formé une demande régulière de radiation non encore jugée, soit devant le conseil de recensement, soit devant le jury de révision.

§ 9. — Les conseils de discipline sont juges des motifs d'excuses invoqués par les gardes nationaux prévenus d'une contravention.

Ils ont un pouvoir souverain pour apprécier la légitimité de l'excuse fondée, par exemple, sur l'allégation d'absence au moment où l'ordre de service a été donné. (Cass., 22 octobre 1840.)

Ils peuvent admettre des motifs d'excuse, bien que ceux-ci ne soient par déterminés par la loi.

Leur pouvoir est souverain, en vertu du principe:

le juge de l'action est le juge de l'exception. (Cass., 22 octobre 1840.) (1)

§ 10. — L'excuse motivée par *l'absence* au moment où l'ordre est donné, peut être prouvée devant le conseil de discipline, soit par témoins, soit par preuves écrites, et si la preuve est offerte, le conseil peut accorder au contrevenant un délai suffisant pour administrer cette preuve.

§ 11. — L'excuse motivée par la maladie est encore souverainement appréciée par le conseil de discipline.

Il n'est pas nécessaire que la maladie soit certifiée par le médecin du corps :

« Attendu qu'aucune loi n'impose aux gardes nationaux l'obligation de s'adresser au médecin de la légion pour constater les maladies qu'ils présentent pour excuse. » (Cass., 8 octobre 1836.)

§ 12. — Mais l'excuse invoquée ne peut être admise qu'autant qu'elle n'est pas en contradiction avec la loi.

Ainsi, un conseil de discipline régulièrement saisi ne peut renvoyer un contrevenant en disant qu'il espérait qu'à l'avenir il ferait mieux son service. (Cass., 31 mars 1832.)

---

(1) Attendu que le conseil de discipline, saisi de la poursuite, a pu et dû apprécier l'excuse proposée par le prévenu, et tiré de son absence réelle ou prétendue, et, par conséquent, examiner si le prévenu s'était absenté avant d'avoir connaissance de l'ordre de service, et si cette absence était d'une telle nature qu'elle ne pût ni être différée, ni être compatible avec le service commandé.

Attendu que l'appréciation de ces divers points, de fait, non-seulement n'était pas interdite au conseil de discipline, mais était de l'essence de sa juridiction répressive.

Art. 86. — Dans les villes qui comprennent une ou plusieurs légions, il y a un conseil de discipline pour juger les colonels et lieutenants-colonels.

Art. 87. — Le conseil de discipline de la garde nationale d'une commune ayant une ou plusieurs compagnies non réunies en bataillon, et celui d'une compagnie formée de gardes nationaux de plusieurs communes, sont composés de cinq juges, savoir :

Un capitaine, président ; un lieutenant ou un sous-lieutenant, un sergent, un caporal et un garde national.

Art. 88. — Le conseil de discipline de bataillon est composé de sept juges, savoir : le chef de bataillon, président ; un capitaine, un lieutenant ou un sous-lieutenant, un sergent, un caporal et deux gardes nationaux.

---

§ 13. — Le défaut d'intention coupable, en matière d'infraction au service de la garde nationale, n'est qu'un motif d'atténuation de la peine non d'acquittement.

Ce serait énerver les liens de la discipline que d'ouvrir ainsi, en l'absence de toute disposition légale, une porte à l'impunité. (Cass., 5 juillet 1839.)

§ 14. — D'après la loi du 13 juin, aucune formalité d'installation, aucune prestation de serment n'est obligatoire pour les conseils de discipline.

Art. 89. — Le conseil de discipline pour les colonels et lieutenants-colonels est composé de sept juges, savoir :

Pour les légions non réunies sous un commandement supérieur :

D'un chef de légion, désigné par le sort, parmi ceux des cinq légions les plus voisines, président ;

Deux chefs de légion ou deux lieutenants-colonels, suivant le grade du prévenu, désignés selon le mode indiqué dans le paragraphe précédent ;

Deux chefs de bataillon ;

Deux capitaines.

Dans le département de la Seine et dans les villes où il existe un commandant supérieur :

Le commandant supérieur, président ;

Deux colonels ou lieutenants-colonels ;

Deux chefs de bataillon ou d'escadron ;

Deux capitaines.

Le commandant supérieur peut déléguer un colonel pour le remplacer comme président.

Art. 90. — Lorsque l'inculpé est officier, deux officiers de son grade entrent dans le conseil de discipline en remplacement des deux derniers membres.

Si l'inculpé est chef de bataillon, trois officiers de ce grade entrent dans le conseil de discipline, le plus ancien comme président, et les deux autres comme juges, en remplacement des deux derniers membres.

Dans ce cas, comme lorsqu'il y a lieu de compléter le conseil institué par les articles 86 et 89, le sous-préfet, s'il n'y a pas dans la commune ou dans le ressort du conseil de discipline un nombre suffisant d'officiers du grade de l'inculpé, désigne, par la voie du sort, parmi les officiers du canton, parmi ceux de l'arrondissement, les juges qui doivent compléter le conseil de discipline. A défaut, le préfet les désigne, par la voie du sort, parmi les officiers du département ; ou, s'il ne s'en trouve pas du grade voulu dans le département, parmi les officiers des départements voisins.

Art. 91. — Il y a, par conseil de disci-

---

91. Par un décret du 10 janvier 1871, les préfets nomment provisoirement à tous les emplois de rapporteur et de secrétaire (1).

---

(1) Les membres du Gouvernement de la Défense nationale,

Décrètent :

Pendant la durée de la guerre et jusqu'à ce qu'il en soit décidé autrement, les préfets nommeront directement aux emplois du service de santé des gardes nationales sédentaires.

Ils nommeront également les majors, adjudants-majors, ainsi que les rapporteurs, rapporteurs-adjoints, secrétaires et secrétaires-adjoints des jurys de révision.

Bordeaux, 10 janvier 1870.

pline de bataillon ou de légion, un rapporteur et un secrétaire et autant de rapporteurs et de secrétaire-adjoints que les besoins du service l'exigent. Leur nombre, leur rang et le mode de leur nomination sont déterminés par des décrets du Président de la République.

---

§ 1. — Bien que la loi n'ait pas déterminé d'une manière précise comment le travail des conseils de discipline se partage entre les rapporteurs et les secrétaires, il résulte de l'ensemble de la loi que les rapporteurs remplissant les fonctions du ministère public, les secrétaires doivent remplir celles des greffiers des tribunaux.

§ 2. — Malgré cette assimilation, les rapporteurs ne peuvent, à l'exemple des membres du ministère public, poursuivre d'office les infractions qui parviennent à leur connaissance. Ils ne peuvent agir que sur l'ordre exprès du chef de corps.

§ 3. — En cas d'absence ou d'empêchement du rapporteur près d'un conseil de discipline, le conseil doit pourvoir à son remplacement.

Après avoir pris une décision constatant l'absence momentanée ou l'empêchement, le conseil choisit l'un de ses membres pour remplacer le rapporteur absent.

Il procède de même, s'il s'agit de l'absence ou de l'empêchement du secrétaire.

Il n'y aurait rien d'irrégulier à ce que des rapporteurs et secrétaires en second fussent choisis par les

Art. 92. — Les conseils de discipline sont permanents ; ils ne peuvent juger que lorsque cinq membres, au moins, sont présents dans les conseils de bataillon et de légion, et trois membres au moins dans les conseils de compagnie.

Les juges sont renouvelés tous les quatre mois ; néanmoins, à défaut d'autres officiers du même grade, ceux qui en font partie ne sont pas remplacés.

Art. 93. — Les membres des conseils de discipline sont pris successivement, suivant l'ordre de leur inscription, sur un tableau dressé

---

préfets pour suppléer, en cas d'absence, des titulaires.

92. § 1. — L'article 92 est applicable dans tous les cas, même s'il s'agit de juger un officier.

§ 2. — Toute décision à laquelle n'auraient point pris part le nombre de juges voulu par la loi, serait radicalement nulle.

Toutefois, il n'appartient qu'à la Cour de cassation de prononcer cette nullité.

93. § 1. — Il suffit que les officiers, sous-officiers et caporaux nommés membres d'un conseil de discipline aient été élus et que leur nomination n'ait pas été contestée pour qu'ils puissent siéger régulièrement.

Un prévenu ne peut refuser de comparaître devant eux sous le prétexte que leur nomination serait irré-

par le président du conseil de recensement, assisté du chef de bataillon ou du capitaine commandant, si les compagnies ne sont pas réunies en bataillon.

Ce tableau comprend, d'après le contrôle du service ordinaire, par grade et par ancienneté :

1° Tous les officiers, la moitié des sous-officiers, le quart des caporaux ;

2° un nombre égal de gardes nationaux de chaque bataillon, ou des compagnies de la commune, ou de la compagnie formée de plusieurs communes.

Pour les conseils de discipline créés par l'article 86, le préfet ou le sous-préfet dresse un

---

gulière, à moins que la demande en nullité de cette nomination n'ait été formée devant l'autorité compétente, avant la plainte.

§ 2. — Ces mêmes officiers, sous-officiers et caporaux doivent rester en fonction jusqu'après l'élection régulière de ceux qui doivent les remplacer.

§ 3. — Suivant un réglement ministériel du 7 août 1833, les sergents-majors vont à la suite des sous-lieutenants, et avant les sergents, quant aux fourriers, ils doivent figurer par rang d'âge dans la colonne des sous-officiers.

§ 4. — Les gardes nationaux remplissant des

tableau par grade, des colonels, lieutenants-colonels, chefs de bataillon ou d'escadron et capitaines.

Les tableaux prévus aux deux paragraphes précédents sont déposés au lieu des séances du conseil de discipline, où chaque garde national peut en prendre connaissance.

---

fonctions salariées dans la garde nationale ne peuvent faire partie du conseil de discipline.

§ 5. — Tous les fonctionnaires qui ne peuvent faire partie de la garde nationale ne peuvent pas faire partie des conseils de discipline, lors même qu'ils se seraient fait inscrire sur les contrôles par dévoûment à la chose publique. Il en est autrement de ceux pour qui la dispense est facultative.

§ 6. — Les étrangers naturalisés peuvent en faire partie.

§ 7. — Il ne nous paraît pas que la disposition de l'art. 63 de la loi du 20 avril 1810, relative aux degrés de parenté entre les divers membres d'un même tribunal, et entre ceux-ci et l'organe du ministère public, soit applicable aux conseils de discipline.

En effet, les membres d'un conseil de discipline sont plutôt des jurés que des magistrats.

§ 8. — Il ne nous parait pas nécessaire non plus que les membres des conseils de discipline sachent lire et écrire, à l'exception du président et du secrétaire qui doivent signer les jugements.

Art. 94. — Lorsque la garde nationale d'une commune ou d'un canton n'a qu'un seul conseil de discipline, les gardes nationaux faisant partie des armes spéciales sont justiciables de ce conseil.

S'il y a plusieurs bataillons dans le même canton, les gardes nationaux des armes spéciales sont justiciables du même conseil de discipline que les compagnies de leur commune.

S'il y a plusieurs bataillons dans la même

---

§ 9. — Si un garde national, traduit devant le conseil, allègue que la formation du conseil appelé à le juger est contraire à l'ordre d'inscription du tableau général qui doit se trouver dans la salle des séances et exige la représentation de ce document pour prouver son dire ; cette demande ne peut être écartée par le motif que le tableau ne serait pas, en ce moment, à la disposition du conseil ; celui-ci doit surseoir à statuer jusqu'à la vérification demandée. (Cass., 6 septembre 1833.)

§ 10. — La nullité résultant de ce que le conseil de discipline est illégalement composé est d'ordre public.

94. Les membres des conseils de discipline ne sont pas tenus de siéger en uniforme. Cependant, il nous semble que, dans les communes où l'uniforme est obligatoire, les conseils de discipline doivent siéger en uniforme, à peine de contrevenir à la loi, art. 59, si non de rendre un jugement irrégulier.

commune, le préfet détermine de quel conseil de discipline ces gardes nationaux sont justiciables.

Dans ces trois cas, les officiers, sous-officiers, caporaux et gardes nationaux des armes spéciales concourent pour la formation du tableau du conseil de discipline.

Art. 95. — Tout garde national qui a été condamné deux fois par le conseil de discipline, ou une fois par le tribunal de police correctionnelle, est rayé pour une année du tableau servant à former le conseil de discipline.

SECTION III

De l'instruction et des jugements.

Art. 96. — Le conseil de discipline est saisi, par le renvoi que lui fait le chef de corps, de

---

95. Ce ne sont pas les conseils de discipline, mais bien l'administration appelée à former le tableau qui doit procéder à la radiation du condamné.

96. § 1.—Le chef du corps entre les mains duquel tous les rapports ou procès-verbaux doivent être adressés par tous ses subordonnés, selon l'ordre hiérarchique, a le droit, avant de saisir le conseil de discipline, d'apprécier si ces rapports doivent ou non

tous les rapports, procès-verbaux ou plaintes constatant les faits qui peuvent donner lieu à une poursuite.

Lorsqu'il y lieu à poursuite contre le chef de corps, le conseil de discipline sera saisi par le préfet.

---

lui être déférés, afin de ne pas mettre en prévention des gardes nationaux pour des fautes excusables ou légères. (V. Inst. min., n° 18.)

§ 2. — Sauf au subordonné qui a dressé le rapport à porter plainte au maire ou au préfet, par la voie administrative, s'il juge la discipline atteinte par la décision du chef de corps.

Le préfet peut, conformément à l'art. 50, provoquer la suspension de l'officier qui ne maintiendrait pas la discipline dans son corps.

§ 3. — Le chef de corps qui ne juge pas à propos de déférer un contrevenant devant le conseil de discipline, ne peut infliger de son autorité privée une peine quelconque, pas même une garde hors tour.

§ 4. — Le chef de corps doit saisir le conseil de discipline dans l'année du rapport, sans cela, il y aurait prescription. (Art. 640 du C. Inst. crim.)

§ 5. — Il nous semble que les dispositions de l'art. 544 du Code d'inst. crim. sont également applicables devant les conseils de discipline. Bien qu'il doive y avoir rarement lieu à renvoi pour cause de suspicion légitime, et encore moins pour cause de sûreté publique.

Art. 97. -- L'officier rapporteur fait citer l'inculpé.

La citation est portée à domicile par un agent de la force publique. Si cet agent appartient à un corps soldé, il ne peut être employé que sur la réquisition de l'autorité municipale.

---

97. (V. Inst. min., nos 24 et suivants.)

§ 1. — Le principe de la liberté de la défense exige que tout prévenu soit appelé à se défendre.

De là, les formalités dont la loi a prescrit l'exécution pour s'assurer que le prévenu sera touché par la citation.

§ 2. — Les citations sont données au nom du rapporteur seul, et signées par lui.

§ 3. -- Le délai pour comparaître doit être de vingt-quatre heures au moins. Il serait convenable qu'il fût plus grand. (V. Inst. min., no 26.)

§ 4. — La copie de la citation doit être remise à domicile. (V. Inst. min., nos 27 et 28.)

§ 5. — La citation portée à un autre domicile que celui du prévenu est nulle, et emporte, par conséquent, la nullité de la condamnation par défaut prononcée contre ce garde national. (Cass., 15 octobre 1851.)

§ 6. — La citation doit contenir la signature de l'agent porteur. (Cass., 23 janvier 1840.)

§ 7. — Elle doit contenir également la mention de la personne à qui elle a été remise: le *parlant à.....* (V. Inst. min., nos 30 et 31.

Art. 98. — En cas d'absence, tout membre du conseil de discipline non valablement excusé est condamné par le conseil de discipline à une amende de cinq francs à quinze francs au profit de la commune du contrevenant, il est remplacé par l'officier, sous-officier, caporal ou garde national qui doit être appelé immédiatement après lui.

Dans les conseils de discipline des bataillons cantonaux, le juge absent est remplacé, d'après l'ordre du tableau, par un officier, sous-officier, caporal ou garde national du lieu où siége le conseil.

---

§ 8. — L'inculpé doit être clairement désigné.

§ 9. — L'infraction doit être spécifiée dans la citation, conformément à l'article 183 du C. d'inst. crim., pour que l'inculpé puisse se défendre. « La citation énoncera les faits et tiendra lieu de plainte. »

§ 10. — Le conseil ne pourrait pas dès lors condamner un garde national pour un fait postérieur à la citation, sans le consentement de celui-ci.

§ 11. — Toutefois, le conseil de discipline a le droit de qualifier les faits retenus dans le rapport autrement qu'ils ne l'ont été dans la citation. (Cass., 31 juillet 1834.)

§ 12. — De même encore, il peut être suppléé à

Art. 99. — Le garde national cité comparaît en personne ou par un fondé de pouvoirs.

Il peut être assisté d'un conseil.

Art. 100. — Si le prévenu ne comparaît pas au jour et à l'heure fixés par la citation, il est jugé par défaut.

---

la mention dans la citation des faits incriminés par des équivalents.

99. § 1. — Le droit de se faire représenter par un fondé de pouvoirs est absolu, il en résulte que le capitaine rapporteur ou le conseil ne peuvent pas requérir que le prévenu se présente à une audience subséquente, même pour entendre le jugement qui le condamne à la réprimande. (Cass., 30 août 1850.)

§ 2. — Il en est de même du droit de se faire défendre par un avocat.

Mais le conseil n'est pas tenu d'accorder un sursis pour entendre l'avocat de l'inculpé.

C'est une question de convenance et de liberté de défense que le conseil apprécie souverainement.

§ 3. — L'envoi d'une défense par écrit n'est pas recevable. (Inst. min., n° 39.)

L'inculpé peut à la fois se faire représenter par un mandataire et assister d'un avocat. (V. art. 102.)

100. § 1. — Faire défaut devant un conseil de discipline est user d'un droit légitime ; dès lors, un conseil de discipline violerait la loi s'il aggravait la

L'opposition au jugement par défaut doit être formée dans le délai de trois jours, à compter de la notification du jugement. Cette opposition peut être faite par déclaration au bas de la signification. L'opposant est cité pour comparaître à la plus prochaine séance du conseil de discipline.

S'il n'y a pas opposition, ou si l'opposant ne comparaît pas à la séance indiquée, le jugement par défaut devient définitif.

---

peine en se fondant sur ce que le garde national a fait défaut. (Cass., 14 juillet 1832. V. Inst. min., n° 42.)

§ 2. — Le jugement par défaut doit être signifié au prévenu.

§ 3. — Le jugement, comme la citation, doit être remis au domicile réel du prévenu, (V. art. 97, *notes*.)

§ 4. — C'est à partir de la signification régulière que court le délai de trois jours pour former l'opposition.

§ 5. — L'opposition doit, en principe, être faite au secrétariat du conseil. (V. Inst. min., n° 45.)

§ 6. — Elle peut être faite encore entre les mains du porteur de la signification du jugement et sur l'original de la signification.

§ 7. — L'opposition peut être faite par huissier. (Cass., 11 janvier 1835.)

Art. 101. — L'instructiou de chaque affaire devant le conseil est publique, à peine de nullité.

La police de l'audience appartient au président, qui peut faire expulser ou arrêter quiconque troublerait l'ordre.

Si le trouble est causé par un délit, il est dressé procès-verbal par le secrétaire sur l'ordre du président.

L'auteur du trouble est jugé immédiatement par le conseil si c'est un garde national, et si la faute n'emporte qu'une peine que le conseil puisse prononcer.

Dans tout autre cas, le procès-verbal est transmis au procureur de la République, et, s'il

---

§ 8. — Il n'est pas nécessaire que les membres du conseil de discipline, qui statuent sur l'opposition soient les mêmes que ceux qui avaient rendu le jugement, ni en même nombre.

§ 9. — L'opposition remet tout en cause, et dans l'état où étaient les faits lors du jugement par défaut, d'où il résulte que le conseil ne peut jamais apprécier pour l'application de la peine des faits postérieurs au jugement par défaut.

101. La publicité des audiences des conseils de discipline est obligatoire comme pour les autres juridictions criminelles. Le jugement doit la mentionner à peine de nullité. (V. Inst. min., nº 48.)

y a lieu, le délinquant est mis à la disposition de ce magistrat.

Art. 102. — L'instruction devant le conseil a lieu de la manière suivante :

Le secrétaire appelle l'affaire.

En cas de récusation, le conseil statue. Si la récusation est admise, le président appelle, selon les règles établies par l'article 98, les juges suppléants nécessaires pour compléter le conseil.

Si le prévenu décline la juridiction du conseil de discipline, le conseil statue d'abord sur sa compétence ; s'il se déclare incompétent, l'affaire est renvoyée devant qui de droit.

Les témoins, s'il en a été appelé par le rapporteur ou l'inculpé, sont entendus, après avoir

---

102. § 1. — *Appel de la cause.* — Lorsqu'il y a plusieurs procès-verbaux dirigés contre le même garde national, il y a lieu de joindre les causes pour statuer par un seul jugement.

Cependant, V. art. 72, § 4, cumul des peines.

§ 2. — *Récusation.* — L'article 378 du Code de proc. doit recevoir son application, bien que cet article n'ait pas été fait en vue des conseils de discipline. (Inst. min., nos 54 et 55.)

Cet article a été déclaré obligatoire en ce qui con-

prêté le serment prescrit par l'article 155 du Code d'instruction criminelle.

En cas de non comparution, tout témoin non valablement excusé est condamné, par le conseil de discipline, à une amende de un franc au moins et de quinze francs au plus.

Le prévenu ou son conseil est entendu.

Le rapporteur donne ses conclusions.

L'inculpé ou son fondé de pouvoirs et son conseil peuvent présenter leurs observations.

Le conseil délibère en secret et hors de la présence du rapporteur; le jugement est motivé; il est prononcé en séance publique, et signé du président et du secrétaire du conseil.

---

cerne les conseils de recensement par le décret du 5 septembre 1851, art. 11.

§ 3. — Les dispositions de l'art. 378 qui pourront donner lieu à une application assez fréquente, sont les suivantes :

« Tout juge peut être récusé pour les motifs ci-après :

« N° 8. S'il a déposé comme témoin.

« N° 9. S'il y a inimitié capitale entre lui et l'une des parties; s'il y a eu, de sa part, agression, injures ou menaces, verbalement ou par écrit, depuis l'instance ou dans les six mois précédant la récusation proposée. »

Il résulte, selon nous, du n° 8 que celui qui a

dressé un rapport motivant la poursuite, ou manifesté son avis publiquement sur ce rapport, doit être récusé.

Que le membre du conseil de discipline, qui dépose comme témoin, ne peut plus siéger comme juge, quant même il ne serait pas récusé régulièrement.

§ 4. — A côté de la récusation, il y a l'abstention qui s'impose comme un devoir aux termes de l'article 380 du Code de proc. civ, dans tous les cas prévus par cet article 378 du même code, lors même que l'inculpé n'en réclamerait pas l'exécution.

§ 5. — Avant de statuer sur les récusations proposées; le conseil de discipline doit entendre l'officier-rapporteur en ses conclusions, à peine de nullité.

Le jugement qui statue sur les récusations est indépendant de celui rendu sur le fond de l'affaire.

§ 6. — La récusation admise, le conseil de discipline peut juger le fond, s'il est encore en nombre suffisant; dans le cas contraire, il y a lieu d'appeler un juge suppléant. (V. art. 98.)

§ 7. — *Déclinatoire.* — L'incompétence du conseil de discipline pour connaître d'un double manquement au service, passible d'une peine correctionnelle à raison de deux condamnations précédentes, est d'ordre public et doit être déclarée d'office. (V. Inst. min., n°s 56 et suivants.)

§ 8. — Le conseil peut statuer par un jugement séparé sur le déclinatoire, et avant le jugement, sur le fond pour quelque motif que l'incompétence soit soulevée.

§ 9. — *Lecture des pièces.* — Elle est obligatoire. (V. Inst. min., n° 53.)

§ 10. — *Interrogatoire.* — La loi n'ayant prescrit aucune formalité, et le prévenu pouvant se faire représenter par un mandataire, il doit se résumer à la constation de l'identité de l'inculpé, ou à la vérification des pouvoirs du mandataire.

Le président et le rapporteur doivent éviter avec soin d'outrager l'inculpé en l'interrogeant.

§ 11. — *Preuve des faits.* — Elle se fait au moyen des procès-verbaux et de l'audition des témoins.

Les rapports et procès-verbaux ne font foi que jusqu'à la preuve du contraire.

§ 12. — En cas d'inscription de faux, il doit être sursis au jugement, suivant les principes ordinaires, si le conseil est de cet avis, l'officier-rapporteur entendu. (Art. 460 et suivants, C. inst. crim.)

§ 13. — Il semble résulter du § 5 de l'article 102, que le conseil n'a pas la faculté de refuser d'entendre les témoins appelés, soit par le rapporteur, soit par l'inculpé. Cependant, il peut limiter leur nombre.

§ 14. — Le jugement doit, à peine de nullité, contenir la mention de la protestation des témoins, conformément à l'art. 155 du C. d'Inst. crim. (1).

§ 15. — Les témoins peuvent être reprochés dans les cas prévus par la loi. (C. d'inst. crim., 322 et suivants.)

§ 16. — *Défense.* — Le président, qui a la police

---

(1) Art. 155. Les témoins feront à l'audience, sous peine de nullité, le serment de dire toute la vérité, rien que la vérité, et le greffier en prendra note, ainsi que leurs nom, prénoms, âge, profession et demeure, et de leurs principales déclarations.

de l'audience, peut retirer la parole à l'inculpé ou à son défenseur toutes les fois qu'il croit que l'inculpé ou son défenseur dépassent les limites d'une défense loyale.

§ 17. — L'inculpé ou son défenseur interrompus ont le droit de demander acte du motif de l'interruption, pour rendre la Cour de cassation juge de la question de savoir si la liberté de la défense a été respectée.

§ 18. — Le jugement doit constater que l'inculpé ou son défenseur ont été entendus dans leurs moyens de défense à peine de nullité. Tout ce qui est relatif à la liberté de la défense étant d'ordre public.

§ 19. — L'inculpé ou son défenseur ne peuvent plus prendre la parole après la clôture des débats.

§ 20. — Le jugement doit constater également que le rapporteur a été entendu.

§ 21. — Dans le cas où la parole lui serait refusée, il a le droit de demander acte des causes de ce refus. (V. Inst. min., n° 66.)

§ 22. — *Remise de la cause.* — Les conseils de discipline ne sont pas tenus de juger sans désemparer. Ils peuvent renvoyer la continuation de la cause, ou du jugement à une audience suivante. (V. 99, § 2.)

§ 23. — *Délibérés.* — Le rapporteur ne peut pas prendre part à la délibération du jugement, à peine de nullité.

§ 24. — Il n'y a que les membres qui ont assisté à tous les débats qui puissent prendre part au jugement.

§ 25. — Mais le rapporteur peut être remplacé

pendant les débats par un autre rapporteur, sans qu'il y ait un motif de nullité.

§ 26. — *Partage.* — Bien que la loi soit muette à cet égard, nous pensons qu'en cas de partage, l'avis le plus doux doit être préféré. Ceci est de principe dans notre législation criminelle. La voix du présidsnt n'est pas prépondérante.

§ 27. — *Jugement.* — Il est également de principe que tous les jugements soient motivés. (Art. 7 de la loi du 20 avril 1810 ; art 195, C. d'inst. crim.)

Les motifs du jugement doivent préciser les faits, base de l'inculpation, et ne laisser aucune place au doute, à la controverse sur la question de savoir si le fait a eu lieu ou non.

§ 28. — C'est à la Cour de cassation seule qu'il appartient de décider si un jugement est ou non suffisamment motivé.

Chaque jugement rendu pouvant donner lieu à une interprétation différente, il nous paraît inutile de passer en revue les diverses espèces qui se présentent. (V. Dalloz, Rép., v. jugement.)

§ 29. — En principe, pour savoir si un jugement est suffisamment motivé, il faut comparer les conclusions prises soit par le rapporteur, soit par la défense, avec les motifs contenus dans le jugement et examiner si le dispositif du jugement, c'est-à-dire la décision prise, répond aux indications contenues dans les motifs.

§ 30. — Rien ne s'oppose à ce que la minute des jugements soit imprimée d'avance, de manière à ce qu'il n'y ait qu'à remplir les blancs pour que le jugement soit complet.

§ 31. — L'insertion de l'article de la loi, en vertu

Art. 103. — Les mandats d'exécution de jugement des conseils de discipline sont délivrés dans la même forme que ceux des tribunaux de simple police.

Toutefois, les agents de la force publique n'ont droit à aucune espèce d'indemnité pour la

---

duquel la peine est prononcée, nous paraît obligatoire. Un jugement qui ne contiendrait pas cette mention ne serait pas motivé en réalité. Mais il ne nous parait pas nécessaire que l'article de la loi soit cité dans le jugement.

§ 32. — Il ne nous parait pas nécessaire, à peine de nullité, que les jugements des conseils de discipline se conforment aux dispositions de l'art. 141 du Code de procédure, relativement aux mentions du nom des juges et rapporteurs.

Cependant, si le nom des juges n'est pas indispensable, il faut pourtant que le jugement fasse par lui-même la preuve qu'il a été rendu par le nombre de juges exigés par la loi, et que le conseil était composé ainsi que l'exigent les articles 92 et suivants.

§ 33. — *Prononciation, publicité.* — Le jugement doit mentionner qu'il a été prononcé par le président et en public.

Le jugement doit être signé avant l'enregistrement. (V. Inst. min., nos 70 et suivants.)

103. § 1. — C'est à la requête et sur les ordres du rapporteur que l'exécution du jugement est poursuivie. (V. Inst. min., nos 75 et suivants.)

notification de même que pour l'exécution forcée des jugements emportant la peine l'emprisonnement.

Art. 104. — Il n'y a de recours contre les jugements définitifs des conseils de discipline que devant la cour de cassation, pour incompétence, excès de pouvoirs ou violation de la loi.

Le pourvoi en cassation est suspensif à l'égard des jugements prononçant soit l'emprisonnement, soit une autre peine avec mise à l'ordre, dans les cas prévus par les nos 2, 4 et 5 de l'article 72 (1).

---

§ 2. — Le premier acte de la poursuite est la signification du jugement, qui a lieu sans frais et par les agents indiqués pour les citations.

Le jugement signifié doit être expédié dans la forme des jugements de simple police et revêtu de la formule exécutoire. (V. Inst. min., n° 75.)

104. § 1.—Le délai du pourvoi est de rigueur. Son inobservation emporte déchéance. Cependant, il a été

---

(1) Les membres du Gouvernement de la Défense nationale,

Vu les décrets des 12 et 16 septembre 1870 ;

Vu le § 2 de l'article 104 de la loi, du 13 juin 1851, sur la garde nationale,

Décrètent :

Article 1er. — La disposition, ci-dessus visée, cessera d'avoir effet pendant la durée de la guerre.

Art. 2. — Le ministre de l'intérieur et de la guerre est chargé de l'exécution du présent décret.

Tours, 30 novembre 1870.

Le condamné est dispensé de la mise en état.

Dans tous les cas, ce recours n'est assujetti qu'à l'amende de cinquante francs pour les jugements contradictoires, et de vingt-cinq francs pour les jugements par défaut.

L'amende sera déposée dans les dix jours du pourvoi, sous peine de déchéance.

Art. 105.— Le condamné a trois jours francs, à partir du jour de la notification, et le rapporteur a le même délai, à partir de la prononciation du jugement, pour se pourvoir en cassation.

---

jugé que, si l'inculpé n'a pu former son pourvoi en raison de l'absence du secrétaire pendant le délai légal, il est recevable à l'expiration du délai. (Cass., 30 mars 1848. — V. Inst. min., nos 77 et suivants.)

§ 2. — Le pourvoi en cassation contre un jugement par défaut n'est pas recevable pendant les délais pour former opposition ; il n'est recevable que lorsque le jugement est devenu définitif, et dans les trois jours qui suivent. D'où il résulte que le délai pour se pourvoir est de sept jours, à partir du prononcé du jugement.

§ 3. — Il nous parait regrettable que la loi n'ait pas établi un tribunal d'appel, ou conseil de révision pour les jugements des conseils de discipline.

Le pourvoi en cassation, qui est le seul recours possible, est d'un accès difficile pour les gardes nationaux des départements, dispendieux pour les

Art. 106. — Les jugements des conseils de discipline ne peuvent, en aucun cas, prononcer de condamnation aux dépens.

Tous actes de poursuite devant les conseils de discipline, tous jugements, recours et arrêts rendus en vertu de la présente loi, sont dispensés du timbre et enregistrés gratis.

---

riches, et, en réalité, tout-à-fait impossible pour la très-grande majorité des citoyens.

Cet état de chose s'est encore aggravé par le décret qui supprime, pendant la guerre, l'effet suspensif du pourvoi.

Il en résulte que les conseils de discipline possèdent en réalité un pouvoir discrétionnaire et qu'il est impossible d'obtenir la révision de leurs erreurs.

Cet état de chose nous paraît contraire aux principes démocratiques qui font la base de notre organisation sociale.

En cas d'abus, par exemple, si un conseil de discipline prononçait une peine de dix jours de prison, avec ordre d'incarcération immédiate, suivie d'exécution, ainsi que l'a fait un conseil de discipline de ....., le seul recours possible serait un procès civil en dommages et intérêts contre les membres de ce conseil, et tous ceux qui se seraient prêtés à l'exécution d'une pareille sentence. (Conformément aux art. 1382 et 1383 du Code civil, et des art. 114, 115 et 117 du Code pénal.)

Quant au pouvoir public, il a le droit de puiser dans l'art. 50 un moyen énergique de prévenir le

TITRE V

Des détachements de la garde nationale.

SECTION PREMIÈRE

Appel et service des détachements.

Art. 107. — La garde nationale doit fournir des détachements :

1° En cas d'insuffisance de la gendarmerie et de la troupe de ligne, pour escorter d'une ville à l'autre, les convois de poudre, de fonds ou d'effets appartenant l'Etat, et pour la conduite des accusés, des condamnés et autres prisonniers ;

---

retour des abus que pourrait se permettre un conseil de discipline; mais il ne peut jamais réparer les abus commis.

Art. 106. — (Voir Inst. min., nos 87 et 88.)

Art. 107 et suivants, jusqu'à l'art. 117, ont reçu de nombreuses modifications par suite de l'état de guerre. Les décrets du Gouvernement de la Défense nationale, relatifs à la mobilisation de la garde nationale, se trouvent dans le *Code complet*.

Les articles 118 et suivants n'étant plus applicables, nous ne pensons pas devoir les reproduire.

2° Pour porter secours aux communes, arrondissements et départements voisins qui seraient troublés ou menacés par des émeutes, des séditions ou par des associations de malfaiteurs ;

3° Pour porter secours d'un lieu dans un autre pour le maintien ou le rétablissement de l'ordre et de la paix publique.

Art. 108. — Lorsque, dans les cas prévus par l'article précédent, des détachements de la garde nationale en service ordinaire doivent agir dans toute l'étendue de l'arrondissement, ils sont mis en mouvement sur la réquisition du sous-préfet, et s'ils doivent agir dans toute l'étendue du département, sur la réquisition du préfet ; si leur action doit s'étendre hors du département, ils sont mis en mouvement en vertu d'un décret du Président de la République.

Les contingents communaux sont réunis par canton, et les contingents cantonaux par arrondissement, sous le commandement d'un officier supérieur en grade aux commandants particuliers des détachements communaux et cantonaux, cet officier est désigné par le préfet ou le sous-préfet.

Un officier général ou supérieur de la garde nationale est investi, par le préfet, du commandement supérieur de la réunion des détachements de tout un département.

En cas d'urgence et sur la demande écrite du maire d'une commune en danger, les maires des communes limitrophes, sans distinction de département, peuvent requérir un détachement de la garde nationale de marcher immédiatement sur le point menacé, sauf à rendre compte dans le plus bref délai, du mouvement et des motifs à l'autorité supérieure.

Dans tous ces cas, l'autorité militaire ne prend le commandement des détachements de la garde nationale que sur la réquisition de l'autorité administrative.

Art. 109. — L'acte en vertu duquel, dans les cas déterminés par les deux articles précédents, la garde nationale est appelée à faire un service de détachement, fixe le nombre des requis.

Art. 110. — Lors de l'appel fait conformément aux articles précédents, le maire, assisté du commandant de la garde nationale de chaque commune, désigne parmi les hommes inscrits sur le contrôle de service ordinaire, ceux qui devront faire partie du détachement, en commençant par les célibataires et les moins âgés.

Art. 111. — Lorsque les détachements des gardes nationales s'éloignent de leurs communes pendant plus de vingt-quatre heures, ils sont assimilés à la troupe de ligne pour la solde, l'indemnité de route et les prestations en nature.

Art. 112. — Les détachements à l'intérieur ne peuvent être requis de faire, hors de leurs foyers, un service de plus de dix jours, que sur la réquisition du sous-préfet ; un service de plus de vingt jours, que sur la réquisition du préfet ; et un service de plus de soixante jours, qu'en vertu d'un décret du Président de la République.

SECTION II

Discipline.

Art. 113. — Lorsque, conformément à l'article 108, la garde nationale doit fournir des détachements en service ordinaire, sur la réquisition du sous-préfet, du préfet, ou en vertu d'un décret, les peines de discipline sont fixées ainsi qu'il suit :

Pour les officiers, 1° les arrêts simples pour dix jours au plus ; 2° la réprimande avec mise à l'ordre ; 3° les arrêts de rigueur pour six jours au plus.

Pour les sous-officiers, caporaux et soldats, 1° la consigne pour dix jours au plus ; 2° la réprimande avec mise à l'ordre ; 3° la salle de discipline pour six jours au plus ; 4° la prison pour six jours au plus.

Art. 114. — Les arrêts de rigueur, la prison et la réprimande avec mise à l'ordre ne peuvent être infligés que par le chef de corps ; les autres peines peuvent l'être par tout supérieur à son inférieur, à la charge d'en rendre compte dans les vingt-quatre heures, en observant la hiérarchie des grades.

Art. 115. — La privation du grade pour les causes énoncées dans les articles 75 et 79, ne peut être prononcée qne par le conseil de discipline, composé, selon les cas, conformément à la section II du titre IV.

Il n'y a qu'un seul conseil de discipline pour tous les détachements du même arrondissement de sous-préfecture. Les membres sont nommés par le commandant supérieur des détachements.

Art. 116. — Tout garde national qui, désigné pour faire partie d'un détachement, refuse d'obtempérer à la réquisition ou quitte le détachement sans autorisation, est traduit en police correctionnelle, et puni d'un emprisonnement qui ne peut être inférieur à dix jours ni excéder trois mois ; s'il est officier, sous-officier ou caporal, il est, en outre, privé de son grade.

TITRE VI

Des corps mobilisés.

Art. 117. — Il sera pourvu par une loi spéciale à l'organisation et au service de la garde nationale mobilisée.

Nous n'avons pas la prétention d'avoir donné des solutions sur tous les points controversés que soulève l'application de la loi du 13 juin 1851. Pour ceux que nous avons omis, nous renvoyons au Répertoire de M. Dalloz. (V° Garde nationale, article très-complet.)

PROCÉDURE

DÉCRET qui détermine les formes de procéder des conseils de recensement et des jurys de révision de la garde nationale.

—

Le Président de la République,

Vu l'article 33 de la loi du 13 juin 1851, sur la garde nationale portant :

» Que les formes de procéder des conseils de recensement et des jurys de révision sont déterminées par un règlement d'administration publique. »

Le Conseil d'Etat entendu,

Décrète :

TITRE Ier

Mode de procéder des conseils de recensement.

Article 1er. — Les contrôles de la garde nationale, dressés par les conseils de recensement en exécution des articles 13, 14 et 20 de la loi du 13 juin 1851, sont déposés au secrétariat de la mairie. Les citoyens ont le droit de prendre connaissance, chacun en ce qui le concerne, du travail arrêté par le conseil de recensement et de présenter leurs réclamations.

Art. 2. — Les réclamations sont adressées au maire, président du conseil de recensement. Elles sont inscrites sur un registre à ce destiné.

Art. 3. — Le réclamant est averti du jour de la réunion du conseil de recensement, avec invitation de comparaître en personne ou par un fondé de pouvoirs.

Art. 4. — Au jour fixé, le conseil de recensement statue.

Aucune décision n'est valable qu'autant que la moitié plus un des membres y a pris part.

Les décisions sont prises à la majorité des voix.

En cas de partage, la voix du président est prépondérante.

Art. 5. — Les décisions contradictoires ne sont pas notifiées ; mais il est donné copie dûment certifiée à la partie qui la demande.

Art. 6. — L'opposition à la décision par défaut doit être formée dans les cinq jours de la notification.

Le conseil de recensement peut néanmoins, en cas d'empêchement constaté, relever le défaillant du délai d'opposition.

Art. 7. — Chacune des décisions est transcrite à sa date sur le registre prescrit par l'article 2.

TITRE II

Mode de procéder des conseils de révision.

Art. 8. — L'appel des décisions du conseil de recensement devant le jury de révision doit être interjeté dans la quinzaine de la décision contradictoire ou de la notification de la décision par défaut rendue sur opposition, ou dans la quinzaine du jour où la décision par défaut est devenue définitive faute d'opposition.

L'appel est suspensif.

L'acte d'appel est déposé au secrétariat de la mairie et inscrit au registre mentionné à l'article 2.

Il est donné récépissé.

Le maire transmet immédiatement l'acte au juge de paix.

Lorsque l'appel est formé par le préfet, il est adressé au juge de paix président du jury.

Art. 9. — Les actes d'appel sont, au fur et à mesure de leur réception, inscrits par le secrétaire du jury sur un registre-journal disposé à cet effet, et dont les pages sont paraphées par première et dernière par le juge de paix.

Art. 10. — Sur l'indication donnée par le juge de paix, l'appelant est appelé par le maire du jour, de l'heure et du lieu où il sera statué sur son appel.

Le délai de la comparution ne doit pas être moindre de dix jours.

Art. 11. — Aux jour, heure et lieu fixés pour la comparution à l'audience, les jurés s'assemblent sous la présidence du juge de paix.

Art. 12. — Appel est fait, par le secrétaire, des douze jurés titulaires et des jurés suppléants qui ont été convoqués.

En cas d'absence d'un des jurés titulaires, le secrétaire appelle, pour le remplacer, en suivant l'ordre d'inscription, un des jurés suppléants qui ont répondu à l'appel.

Il en est de même en cas de récusation ou d'abstention d'un des jurés, par application des art. 44 et 378 du Code de proc. civ.

Art. 13. — Le secrétaire appelle l'affaire.

Les récusations sont proposées et jugées.

L'appelant ou son fondé de pouvoirs est entendu.

Le rapporteur donne des conclusions ; il ne preud point part à la délibération.

L'avis des jurés est pris par le président dans l'ordre inverse des grades, et, à grade égal, dans l'ordre inverse des âges.

La décision est rendue conformément à l'art. 28 de la loi du 13 juin 1851. Elle est motivée.

Art. 14. — Les décisions du jury sont signées par le président et le secrétaire.

Le secrétaire transcrit chaque décision à sa date sur le registre prescrit par l'art. 9.

Art. 15. — Mention est faite des décisions définitives sur le registre tenu à la mairie en exécution de l'article 2.

Les décisions sont notifiées par le maire à qui le juge de paix les transmet.

Art. 16. — Le rapporteur exerce, près le jury de révision, les fonction de ministère public, et fait, en cette qualité, toutes les réquisitions nécessaires.

Il transmet au ministre, par l'intermédiaire du préfet, avec ses observations, les décisions qui lui paraissent susceptibles d'être déférées au Conseil d'Etat, pour incompétence, excès de pouvoir ou violation de la loi.

TITRE III

Dispositions générales.

Art. 17. — Les séances des conseils de recensement et des jurys de révision sont publiques.

La vérification des infirmités peut être faite en chambre du conseil.

Les décisions délibérées en chambre sont prononcées en séance publique.

Art. 18. — Les avertissements, notifications et significations, faits en exécution du présent règlement, ont lieu dans la forme administrative.

Paris, 5 septembre 1851.

CONSEIL D'ADMINISTRATION. — COMPOSITION

—

DÉCRET qui détermine la composition du conseil d'administration de légion ou de bataillon de la garde nationale, des 3 septembre et 3 octobre 1851.

Le Président de la République,

Vu l'art. 65 de la loi du 13 juin 1851, sur la garde nationale,

Le Conseil d'Etat entendu,

Décrète :

Article 1er. — Les conseils d'administration de légion ou de bataillon, dont la formation est prescrite par l'art. 65 de la loi du 13 juin 1851, seront composés du chef de légion ou du chef de bataillon, président, et de six membres choisis parmi les officiers, sous-officiers, caporaux ou gardes nationaux.

Art. 2. — Les membres des conseils d'administration sont nommés par le préfet ou le sous-préfet, sur une liste de candidats présentés par le chef de légion ou par le chef de bataillon, président du conseil.

Art. 3. — Le major assiste aux délibérations du conseil d'administration de légion.

L'adjudant-major, ou un officier désigné par le président du conseil d'administration de bataillon, assiste aux délibérations de ce conseil.

Ils ont voix consultative, et peuvent, en cas d'empêchement, être suppléés par les officiers que le chef de légion ou le chef de bataillon aura désignés.

Les officiers d'armement, les officiers payeurs, et les autres officiers chargés du service administratif, peuvent être appelés à assister aux séances des conseils d'administration. Ils y ont voix consultative.

Paris, 3 septembre et 3 octobre 1851.

JURYS, RÉVISION, RAPPORTEURS, SECRÉTAIRES, NOMBRE, RANG, NOMINATION.

—

DÉCRET qui détermine le nombre, le rang et le mode de nomination des rapporteurs et secrétaires près les jurys de révision de la garde nationale.

Le Président de la République, etc.

Article 1er. — Le nombre et le rang des rapporteurs et secrétaires près les jurys de révision de la garde nationale sont fixés ainsi qu'il suit :

1° Près le jury de révision de la garde nationale de Paris,

Un rapporteur ayant rang de chef d'escadron ;

Un rapporteur-adjoint, par la légion, ayant rang de capitaine ;

Un secrétaire ayant rang de capitaine ;

Un secrétaire-adjoint, par légion, ayant rang de lieutenant.

Le rapporteur et le secrétaire font partie de l'état-major général du commandant supérieur des gardes nationales de la Seine. Les rapporteurs et les secrétaires-adjoints font partie de l'état-major de la légion à laquelle ils appartiennent.

2° Près le jury de révision des villes chefs-lieux de plusieurs cantons :

Un rapporteur ayant rang de capitaine ;

Un rapporteur-adjoint ayant rang de capitaine en second, pour chacun des cantons compris dans la circonscription du jury ;

Un secrétaire ayant rang de lieutenant ;

Un secrétaire-adjoint ayant rang de sous-lieutenant.

Ces rapporteurs et secrétaires font partie, suivant le cadre d'organisation de la garde nationale de la ville où siége le jury, soit de l'état-major du commandant supérieur, soit de l'état-major de la légion, soit de l'état-major du bataillon.

3° Près les jurys de révision dont la juridiction ne comprend qu'un canton :

Un rapporteur ayant rang de capitaine ;

Un rapporteur-adjoint ayant rang de capitaine en second ;

Un secrétaire ayant rang de lieutenant ;

Un secrétaire-adjoint ayant rang de sous-lieutenant.

Ces rapporteurs et secrétaires font partie de l'état-major de la garde nationale du chef-lieu de canton.

Si cette garde nationale est comprise, soit dans une légion cantonale, soit dans un bataillon cantonal, ces rapporteurs et secrétaires font partie, selon le cas, de l'état-major de la légion ou du bataillon.

4° Les rapporteurs et secrétaires des jurys de révision sont nommés par le Président de la République.

3 octobre 1851.

(V. déc. du G. de la Déf. nat. du 10 janvier 1871, art. 91.)

CIRCULAIRE MINISTÉRIELLE

Sur la procédure des conseils de recensement et des conseils de révision.

TITRE Ier.

Mode de procéder des Conseils de recensement.

Article 1er. — « Les contrôles de la garde nationale dressés par les conseils de recensement, en exécution des articles 13, 14 et 20 de la loi du 13 juin 1851, sont déposés au secrétariat de la mairie.

« Les citoyens ont le droit de prendre connaissance, chacun en ce qui le concerne, du travail arrêté par le conseil de recensement et de présenter leurs réclamations. »

Lo dépôt des contrôles à la mairie et la faculté donnée à chaque citoyen d'en prendre connaissance sont deux mesures d'ordre également obligatoires.

Par cela seul, en effet, que le conseil de recensement est dispensé de notifier individuellement les opérations qu'il a effectuées en matière soit d'inscription ou de radiation sur les contrôles du service ordinaire ou de la réserve, soit de classement dans les compagnies, il faut de toute nécessité que les citoyens aient le moyen de constater par eux-mêmes la situation qui leur est faite sous l'un ou sous l'autre de ces divers rapports.

Mais la communication de ces contrôles doit être subordonnée à la condition que le citoyen ne les consultera qu'en ce qui le concerne exclusivement, la loi du 13 juin 1851 n'admettant point, comme l'avait fait celle du 22 mars 1831, les réclamations des tiers gardes nationaux.

Le secrétaire ou l'employé de la mairie qui sera chargé de cette communication devra donc, avant d'obtempérer à la demande, s'assurer préalablement des nom et prénoms des citoyens, et des motifs qui les déterminent à venir prendre connaissance des contrôles.

Art. 2. — « Les réclamations sont adressées au maire, président du conseil de recensement.

« Elles sont inscrites sur un registre à ce destiné. »

Il convient que les réclamations soient rédigées sous forme de lettre ; qu'elles indiquent clairement leur motif et leur but, et qu'elles énoncent, en même temps, les nom, prénoms, profession et domicile des réclamants.

Aussitôt leur réception, le maire veillera à ce qu'elles soient inscrites par le secrétaire ou par un employé de la mairie préposé *ad hoc* (lequel fera fonctions de secrétaire du conseil de recensement) sur un registre-journal, dont le modèle est annexé à la présente instruction, et qui est établi de manière à suivre chaque réclamation dans les diverses phases qu'elle est appelée à subir jusqu'à solution définitive. Ce registre devra être coté et paraphé, par première et dernière, par le maire de la commune.

Art. 3. — « Le réclamant est averti du jour de la réunion du conseil de recensement, avec invitation de comparaître en personne, ou par un fondé de pouvoirs. »

Il convient d'abord de remarquer ici que, par son article 19, le règlement dispose formellement et d'une manière générale (ce qui s'applique dès lors et distinctement à tous les actes du conseil de recensement et des jurys de révision), que les avertissements, notifications et significations faits en exécution dudit règlement doivent avoir lieu dans la forme administrative.

De cette disposition, qui a eu pour objet d'éviter aux citoyens des frais que n'aurait point manqué de leur occasionner tout autre mode de procéder, tel, par exemple, que l'emploi du ministère des huissiers, il résulte clairement que la remise des avertissements, notifications et significations dont il s'agit ne doit être faite que par les agents salariés de la commune, qui, en leur qualité, sont tenus d'obtempérer à toutes les réquisitions du maire sous les ordres duquel ils sont immédiatement placés.

Dans ce nombre, il faut comprendre, indépendamment des gardes champêtres, les sergents de ville, les concierges de la commune, les tambours appariteurs, et même les tambours-maîtres et tambours de la garde nationale, sous la condition expresse, pour chacun d'eux, d'être assermenté.

C'est donc par l'entremise exclusive de ces agents que doivent être notifiés tous les actes de procédure ou de juridiction des conseils de recensement et des jurys de révision ; et comme, en définitive, le soin de l'accomplissement de ce service est uniquement confié aux maires par les articles **3, 6, 10** et **16** du règlement, c'est à eux, sous leur responsabilité, de prendre les mesures propres à en assurer la régulière exécution.

L'avertissement dont il est parlé à l'article **3** du règlement doit être porté à domicile par un des agents assermentés ci-dessus indiqués, que le maire désignera à cet effet.

Cet agent constatera, sur l'avertissement qu'il laissera au domicile du réclamant, le jour de la remise ; et mention en sera faite par le secrétaire sur le registre-journal dans la colonne à ce destinée, afin de servir de date dans la séance indiquée.

Cet avertissement rappellera d'une manière sommaire l'objet de la réclamation, et fera connaître en outre au réclamant, sous forme d'observation essentielle, que, s'il ne comparait pas en personne ou par un fondé de pouvoirs, c'est-à-dire par un mandataire muni d'une procuration signée de lui, devant le conseil de recensement, aux jour et heure qui lui ont été fixés, il sera statué par défaut contre lui, comme il est dit ci-après (art. **6**).

Art. 4. — « Au jour fixé, le conseil de recensement statue.

« Aucune décision n'est valable qu'autant que la moitié plus un des membres y a pris part.

« Les décisions sont prises à la majorité des voix.

« En cas de partage, la voix du président est prépondérante. »

Les décisions devront constater le nombre des membres dont le conseil de recensement s'est trouvé composé au moment où elles ont été rendues.

Cette énonciation est indispensable pour établir si la moitié plus un des membres désignés pour faire partie du conseil de recensement a siégé, puisque, à défaut de ce nombre, la décision ne serait point valable.

Ce principe est déjà consacré, soit par la loi municipale, soit par l'article 28 de la loi du 13 juin 1851, à l'égard du président du jury de révision.

C'est là une règle de droit applicable à tous les jugements, et surtout à ceux contre lesquels la loi ouvre le droit d'appel ou de recours.

Art. 5. — « Les décisions contradictoires ne sont pas notifiées, mais il en est donné copie certifiée à la partie qui la demande. »

Le règlement ne dispense de la notification que les décisions contradictoires, et cette disposition s'applique nécessairement aux décisions préparatoires ou interlocutoires. Il s'ensuit que la notification est obligatoire pour les décisions par défaut.

C'est également au maire qu'incombe le soin de les faire notifier à domicile suivant la marche indiquée pour la remise des avertissements. (V. plus haut à l'art. 3.)

Il sera procédé de la même manière, tant pour la constatation de la date de cette remise sur l'acte de notification laissé à domicile, que pour la mention de cette date sur le registre du conseil de recensement dans la colonne pour ce réservée.

Quant à la délivrance de copies certifiées des décisions contradictoires aux parties qui les réclament, jury de révision. Quant à l'opposition, elle peut être

il est presque superflu d'ajouter que cette disposition est impérative, et que, dès lors, le secrétaire de la mairie ne saurait, en aucun cas et sous aucun prétexte, refuser de satisfaire aux demandes qui lui en seraient adressées, de même que le maire ne pourrait s'abstenir de certifier lesdites copies.

Art. 6. — « L'opposition à la décision par défaut doit être formée dans les cinq jours de la notification.

« Le conseil de recensement peut néanmoins, en cas d'empêchement constaté, relever le défaillant du délai de l'opposition. »

Les maires doivent veiller avec soin à ce que les agents chargés de notifier les décisions par défaut accomplissent exactement les formalités inhérentes à la remise de ces notifications. En fixant à une durée de cinq jours seulement, à partir de la notification de la décision par défaut, le délai pour y mettre opposition, le règlement a eu, en effet, pour but de suspendre le moins longtemps possible l'exécution des décisions des conseils de recensement.

D'un autre côté, il n'est pas moins important que les citoyens ne puissent prétexter cause d'ignorance du délai dans lequel ils sont tenus d'exercer leur droit d'opposition. Dans ce but, il m'a paru utile que la notification de la décision par défaut avertit le citoyen que, faute par lui d'avoir laissé expirer le délai de cinq jours prescrit par l'article 6 du règlement, ou de n'avoir point demandé au conseil de recensement un délai plus long, motivé sur des causes valables d'empêchement, son opposition ne serait plus recevable, et que la décision par défaut ne serait plus susceptible de recours que devant le

formulée au bas de l'acte de notification ou par lettre spéciale adressée au conseil de recensement, et il est tenu note sur le registre-journal dans la colonne pour ce disposée.

En cas d'opposition, ou si le défaillant a été relevé du délai de l'opposition, un nouvel avertissement est remis à domicile dans la forme indiquée à l'article 3, pour avoir à comparaître à la prochaine séance du conseil. Si la partie ne se présente pas encore, il est statué par défaut sur l'opposition ; et cette décision, qui devient définitive, ne peut plus être attaquée que devant le jury de révision.

Art. 7. — « Chacune des décisions est transcrite à sa date sur le registre prescrit par l'article 2. »

Le modèle n° 1 (V. au Journal offic. des gardes nat.) réserve une colonne pour la transcription des décisions du conseil de recensement et pour la mention de leur date en regard des noms des citoyens qu'elles concernent. Cette transcription, que les maires surveilleront, devra contenir les motifs et le libellé des décisions.

TITRE II

Mode de procéder des jurys de révision.

Art. 8. — « L'appel des décisions du conseil de recensement devant le jury de révision doit être interjeté dans la quinzaine de la décision contradictoire ou de la notification de la décision par défaut rendue sur l'opposition, ou dans la quinzaine du jour où la décision par défaut est devenue définitive, faute d'opposition.

« L'appel est suspensif. »

Le délai de quinze jours pendant lequel l'appel doit être interjeté devant le jury de révision contre les décisions du conseil de recensement, comporte le même caractère obligatoire que le délai de l'opposition dont il a été parlé plus haut à l'article 6.

Il en résulte que, passé ce délai, l'appel ne serait plus recevable, et que la décision du conseil de recensement ne serait plus susceptible d'être attaquée que devant le Conseil d'Etat par la voie contentieuse.

De plus, ce délai doit être considéré comme général, et s'appliquant indistinctement à tous les appels devant le jury, qu'ils aient été formés par les citoyens individuellement, ou d'office, par les préfets, ainsi qu'il est dit ci-après.

L'effet de l'appel interjeté dans le délai prescrit, et sous la condition de l'accomplissement préalable des formes qui vont être indiquées, est de suspendre l'exécution des décisions du conseil de recensement. En conséquence, jusqu'à ce que le jury de révision ait prononcé sur le recours dont elles sont l'objet, il ne peut être exercé contre les citoyens qu'elles concernent aucune mesure coercitive, ni aucune poursuite disciplinaire à raison de manquement aux ordres de service qui leur auraient été adressés comme conséqnence de ces décisions, postérieurement à leur déclaration d'appel.

« L'acte d'appel est déposé au secrétariat de la mairie et inscrit au registre mentionné à l'art. 2.

« Il en est donné récépissé ; le maire transmet immédiatement l'acte au juge de paix. Lorsque l'appel est formé par le préfet, il est adressé au juge de paix, président du jury » (art. 8).

Le dépôt de l'acte d'appel à la mairie, en même temps qu'il épargne des frais à la partie, lui garantit, par la délivrance d'un récépissé, l'effet suspensif dont il vient d'être parlé, et assure aux conseils de recensement le moyen de constater d'une manière certaine les circonstances qui s'opposent à l'exécution de leurs décisions.

Je n'ai pas besoin, monsieur le Préfet, d'insister sur le droit d'appel que le règlement vous confère en matière de décisions du conseil de recensement, et sur les conditions dans lesquelles vous devez l'exercer.

Ce droit est une conséquence des attributions dont vous êtes investi comme chef de l'autorité administrative supérieure dans votre département, et dont la principale consiste à surveiller l'exécution régulière des lois.

Mais vous n'avez évidemment à vous déterminer, pour user de cette prérogative, que par la seule raison de l'intérêt public, c'est-à-dire à l'égard des décisions des conseils de recensement rendues contrairement au texte et à l'esprit de la loi, et contre lesquelles les citoyens qu'elles intéressent n'auraient pas formé de recours.

Dès lors, il faut de toute nécessité que le maire, président du conseil de recensement, vous mette en demeure d'interjeter utilement cet appel dans le délai prescrit par l'article 8 du règlement, en vous signalant les décisions dont il aurait lieu de requérir l'annulation, en vous transmettant en temps opportun, avec une copie desdites décisions devenues définitives, tous les renseignements propres à vous fixer sur la convenance d'élever ce recours, que vous adresserez directement au juge de paix. Vous en donnerez en même temps connaissance au maire de la commune pour qu'il en soit fait mention sur le registre du conseil de recensement, en marge de la décision qui a motivé votre appel.

Je vous invite donc à appeler particulièrement sur ce point la sollicitude des maires.

Art. 9. — « Les actes d'appel sont, au fur et à mesure de leur réception, inscrits par le secrétaire du jury sur un registre-journal disposé à cet effet, et dont les pages sont paraphées par première et dernière par le juge de paix. »

Vous trouverez à la suite de la présente instruction un modèle de ce registre-journal, à dresser en exécution de l'article 9 du règlement; parmi les diverses colonnes qui y sont disposées, il en est une réservée à l'inscription des actes d'appel conformément à la prescription du même article. (Mod. nº 4, Journal offic. des gardes nat.)

Art. 19. — « Sur l'indication donnée par le juge de paix, l'appelant est averti par le maire du jour, de l'heure et du lieu où il sera statué sur son appel. »

Deux opérations sont indispensables pour l'exécution de cette disposition.

D'une part, le juge de paix devra donner directement avis au maire de la commune de l'appelant, du jour, de l'heure et du lieu où le jury statuera.

D'autre part, le maire devra en informer ce dernier, en lui faisant remettre à cet effet un avertissement spécial.

L'avis à donner par le juge de paix m'a paru pouvoir consister en une simple lettre signée de ce magistrat, et énonçant, d'une manière sommaire, outre les circonstances ci-dessus rappelées, les noms, prénoms, profession et demeure du citoyen qui a interjeté appel, ainsi que la date de la décision attaquée et le numéro sous lequel l'appel est inscrit au registre du jury.

Au cas où il y aurait plusieurs appelants, appartenant à la même commune, cette lettre pourrait être collective.

Cet avis, du reste, est important en ce qu'il servira au maire à constater la réception et l'inscription au registre-journal du jury des recours qu'il aura transmis au juge de paix.

De même, s'il s'agit d'un pourvoi formé par vous, le juge de paix devra vous informer directement du jour où le jury statuera.

Quant à l'avertissement que le maire est tenu d'envoyer aux citoyens, le modèle 5 (Journal offic. des gardes nat.) indique la forme dans laquelle il doit être rédigé, et les diverses énonciations propres à mettre l'appelant en demeure de comparaître devant le jury en personne ou par un fondé de pouvoirs, au jour fixé par le juge de paix. Le maire fera notifier cet avertissement suivant la marche tracée en exécution de l'article 3.

Il sera procédé de la même manière pour la constation de la date de la remise sur l'acte de notification laissé à domicile et pour la mention de cette remise sur le registre du jury dans la colonne pour ce réservée. (Modèle nº 4, Journal offic. des gardes nat.)

« Le délai de comparution ne doit pas être moindre de dix jours » (art. 10).

Si le délai pour la comparution ne doit pas être moindre de dix jours, il convient également qu'il ne soit pas prolongé beaucoup au-delà de ce terme. Une durée trop longue de l'effet suspensif attribué à l'appel préjudicierait à l'intérêt de l'organisation définitive de la garde nationale. Messieurs les juges de paix apprécieront donc la convenance de faire en sorte que ce délai n'excède pas quinze jours, ce laps de temps étant plus que suffisant pour que la partie puisse préparer sa défense.

Art. 11. — « Aux jour, heure et lieu fixés pour la comparution à l'audience, les jurés s'assemblent sous la présidence juge de de paix. »

Bien que ni la loi, ni le règlement ne formule rien pour la tenue des membres du jury, il est passé en usage qu'à l'exemple du juge de paix, qui est toujours revêtu de ses insignes de magistrat, les juges siégent en uniforme : les officiers, avec le hausse-col ; les sous-officiers, caporaux et gardes, avec le ceinturon et le sabre.

Il convient donc que, dans toutes les communes où l'uniforme est ou sera rendu obligatoire, conformément à l'art. 53 de la loi du 13 juin 1851, les membres du jury se présentent en uniforme.

Art. 12. — « Appel est fait par le secrétaire des douze jurés titulaires et des jurés suppléants qui ont été convoqués. »

Il résulte des termes de cet article, d'une part, qu'il y a nécessité pour le juge de paix de convoquer les douze jurés titulaires qui ont été désignés par le sort, conformément à l'article 27 de la loi du 13 juin 1851, pour composer le jury de révision ; et que, d'autre part, il a la faculté de ne convoquer que le nombre de jurés suppléants dont il jugerait la présence nécessaire.

Mais il faut admettre que, par suite, soit de récusations ou d'abstentions justifiées, soit pour des motifs d'empêchement légitimes, mais imprévus, le nombre des jurés titulaires peut être instantanément réduit dans une proportion telle que ce qui resterait ne suffirait point, avec les jurés suppléants qui auraient été convoqués , et qui sont également soumis à toutes les éventualités de récusation, d'abstention et d'empêchement précitées, pour mettre le jury en état de siéger régulièrement, ainsi qu'il est dit ci-après.

Messieurs les juges de paix auront donc à tenir compte de ces observations dans l'appréciation du nombre des jurés suppléants qu'il sera nécessaire de convoquer.

L'appel des jurés qui ont été convoqués doit être fait par le secrétaire daus l'ordre indiqué par le règlement, c'est-à-dire en commençant par les titulaires.

Cet appel fait, il dressera la liste de tous ceux quir ont répondu à l'appel, cette mesure devant avoir pour conséquence immédiate de mettre le juge de paix en demeure de prononcer, contre les jurés absents et non valablement excusés, l'amende de 5 à 10 fr. prescrite par l'art. 29 de la loi du 13 juin 1851, laquelle est également applicable au rapporteur et au secrétaire, en leur qualité de membre du jury de révision. Quant aux jurés suppléants, ils ne seraient passibles de l'amende qu'autant que leur absence empêcherait le jury de se constituer.

« En cas d'absence d'un des jurés titulaires, le secrétaire appelle, pour le remplacer, en suivant l'ordre d'inscription, un des jurés suppléants qui ont répondu à l'appel » (art. 12).

Il est difficile de penser, quelque désirable que cela fût, que les jurys de révision puissent toujours siéger au complet, c'est-à-dire au nombre de douze membres, indépendamment du président; et le règlement a dû s'occuper de pourvoir, par un mode de remplacement, aux absences qui viendraient à se produire.

Mais il ne faut pas perdre de vue que l'article 28 de la loi du 13 juin autorise les jurys à prononcer au nombre de sept membres au moins, y compris le président.

Ce n'est donc, en définitive, qu'autant que les jurés titulaires présents ne formeraient pas, avec le juge de paix, le minimum de membres suffisant pour que le jury pût délibérer, qu'il y aurait lieu d'appeler des jurés suppléants pour le compléter.

« Il en est de même, en cas de récusation ou d'abstention d'un des jurés, par application des articles 44 et 378 du Code de proc. civ. » (art. 12.)

Le cas échéant, le secrétaire appellera alors, dans l'ordre de leur inscription d'après le tirage au sort. celui ou ceux des suppléants qui, ayant répondu à l'appel, devront venir siéger en remplacement du ou des jurés titulaires absents, comme aussi de ceux qui, ayant été récusés ou ayant demandé à s'abstenir pour l'une des causes énoncées dans les art. 44 et 378 du Code de proc. civ., auraient été reconnus par le jury ne pouvoir en effet prendre part au jugement de la cause.

Ceci posé, et dès qu'au moyen de l'appel fait par le secrétaire, suivant les règles établies ci-dessus, il se trouvera au moins sept jurés présents, y compris le juge de paix, président, ce magistrat déclarera le jury régulièrement constitué et l'audience ouverte.

Art. 13. — « Le secrétaire appelle l'affaire. »

Il est bien entendu que l'appel de l'affaire implique la nécessité pour le secretaire de donner lecture de toutes les pièces qui se rattachent à la cause. C'est là une formalité préliminaire qu'il est tenu d'accomplir, et dont il doit être fait mention dans la décision.

« Les récusations sont proposées et jugées » (art. 13).

Il est de principe que les récusations ou les demandes d'abstention doivent être proposées par écrit avant l'audience, ou verbalement après l'appel de l'affaire.

Il est statué immédiatement; et, si elles sont admises, les jurés récusés ou autorisés à s'abstenir sont remplacés, comme il est dit à l'article 12, pour le jugement des affaires qui ont motivé leur récusation ou leur abstention.

Il convient d'ajouter ici que, si le nombre des récusations ou des abstentions proposées excédait celui des jurés qui ont répondu à l'appel et était susceptible d'empêcher la composition régulière du jury, le président pourrait renvoyer quelques-unes des affaires à l'audience subséquente.

« L'appelant ou son fondé de pouvoirs est entendu » (art. 13).

Le fondé de pouvoirs doit être muni d'une procuration signée de l'appelant, et légalisée par le maire de la commune où ce dernier est domicilié.

Si l'appelant ou son mandataire ne se présente pas, le jury statue par défaut.

Le jury peut, toutefois, sur la demande de la partie ou même du rapporteur, accorder des délais ou des remises, comme aussi ordonner toutes les mesures d'instruction supplémentaire que lui paraît exiger le jugement de l'affaire.

« Le rapporteur donne ses conclusions » (art. 13).

Le rapporteur est chargé des fonctions du ministère public. (V. ci-après, art. 17.)

Il doit être préalablement entendu sur tous les appels déférés au jury, comme sur tous les incidents, de quelque nature qu'ils soient, qui peuvent donner lieu à des décisions préparatoires ou interlocutoires. Il est, dès lors, indispensable que les décisions fassent mention de l'accomplissement de cette formalité, qui est substantielle.

« Il ne prend point part à la délibération » (art. 13).

Il en est de même, quant à la non participation du rapporteur aux délibérations du jury : c'est là une disposition de principe général, dont l'observation est prescrite à peine de nullité, et sur laquelle, par conséquent, je n'ai pas besoin d'insister.

« L'avis des jurés est pris par le président dans l'ordre inverse des grades, et, à grade égal, dans l'ordre inverse des âges (art. 13).

Pour que le président puisse prendre l'avis des jurés dans l'ordre indiqué par le règlement, ces derniers devront se placer ainsi qu'il suit : le plus élevé en grade à la droite du président ; le second, à la gauche, et ainsi de suite, en commençant par la droite.

A égalité de grade, la préséance appartient au plus ancien dans le grade, et, à égalité d'ancienneté, au plus âgé.

J'ai signalé plus haut la convenance pour les jurés de siéger en uniforme : l'exécution de la disposition qui précède ajoute à l'importance de cette recommandation.

« La décision est rendue conformément à l'art. 28 de la loi du 13 juin 1851 » (art. 13.)

Aux termes de l'article 28 de la loi du 13 juin 1851, les décisions du jury doivent être prises à la majorité absolue des suffrages, et le même article dispose qu'en cas de partage la voix du président est prépondérante.

« Elle est motivée » (art. 13).

Enfin, les décisions doivent être motivées sous peine de nullité.

Du reste, cette nullité résulterait également de l'inobservation des diverses formalités qui viennent d'être expliquées, et dont il importe, pour la validité des décisions du jury que l'accomplissement soit mentionné tant sur la minute que dans la copie qui doit être notifiée à domicile.

Voir, au surplus, les modèles nos 6 et 7 où ces différentes mentions sont indiquées. (Journal offic. des gardes nat.)

Art. 14. — « Les décisions par défaut du jury ne sont pas susceptibles d'opposition. »

En interdisant l'opposition devant le jury aux décisions rendues par défaut, le règlement s'est déterminé par cette juste considération que le citoyen qui. après avoir vu rejeter sa demande par le conseil de recensement, ne se présente point devant le jury pour soutenir l'appel qu'il a interjeté, doit être présumé mal fondé, et qu'il y aurait abus à lui donner la faculté de prolonger indéfiniment l'effet suspensif de son appel.

Il en résulte que ces décisions acquièrent, comme celles qui sont rendues contradictoirement, le caractère de décisions définitives, et ne peuvent plus être attaquées que devant le Conseil d'Etat, conformément à l'article 30 de la loi du 13 juin 1851.

Art. 15. — « Les décisions du jury sont signées par le président et le secrétaire. »

Les décisions du jury doivent être signées par le président et le secrétaire, en présence des jurés et avant qu'ils se séparent. Le registre-journal du jury contient une colonne disposée à cet effet, à la suite de celles où chaque décision, au fur et à mesure qu'elle est rendue, doit être inscrite et datée par le secrétaire à l'article de chaque appel. (Modèle n° 4, Journal offic. des gardes nat.)

Art. 16. — « Mention est faite des décisions définitives sur le registre tenu à la mairie, en exécution sur l'art. 2.

« Les décisions sont notifiées par le maire, à qui le juge de paix les transmet. »

Pour assurer l'exécution de ces dispositions de l'art. 15, il convient que, le 1er et le 16 de chaque mois, expéditions des décisions que le jury aura rendues dans la quinzaine précédente soient transmises aux maires des communes où résident les citoyens que concernent ces décisions. Elles devront être certifiées par le président et le secrétaire.

A cet envoi, dont il sera tenu note sur le registre du jury, dans la colonne pour ce réservée, sera jointe une lettre du juge de paix indiquant nominativement les citoyens dont s'agit, et contenant invitation au maire de leur faire notifier lesdites décisions.

Aussitôt la réception de cet envoi, le maire veillera à ce qu'il soit fait mention écrite de la date, des motifs et du dispositif de chacune de ces décisions sur le registre du Conseil de recensement, dans la colonne ouverte à cet effet à l'article du recours élevé par l'appelant.

Dans les trois jours qui suivront, il fera notifier lesdites décisions aux parties intéressées, conformément à la règle indiquée pour la remise des avertissements (art. 3); et cette notification sera constatée dans les mêmes formes.

A l'égard des décisions rendues sur les appels que vous auriez cru devoir interjeter d'office (V. plus haut art. 8), c'est à vous, monsieur le Préfet, que le juge de paix président devrait en adresser directement copies certifiées; et vous auriez ensuite, après en avoir pris connaissance, soit à les renvoyer aux maires des communes qu'elles concerneraient, pour qu'ils les fissent notifier; soit, au besoin, à me les faire parvenir avec vos observations, si elles vous paraissaient susceptibles d'être réformées par la voie contentieuse, ainsi qu'il est dit ci-après; mais dans ce cas encore, il conviendrait d'en donner avis aux maires, en leur recommandant d'en faire prendre note sur le registre du Conseil de recensement.

« Recours devant le Conseil d'Etat contre les décisions des jurys de révision » (art. 30 de la loi du 13 juin 1851).

L'art. 30 de la loi du 13 juin 1851 autorise le recours devant le Conseil d'État contre les décisions des jurys de révision, mais seulement pour incompétence, excès de pouvoir ou violation de la loi, ou pour contrariété de décisions rendues en dernier ressort, relativement à la même personne, par des Conseils de recensement ou des jurys de révision différents. — Vous avez vu dans mon instruction du 15 septembre, sur les attributions des Conseils de recensement, quelles sont les décisions rendues par ces conseils, comme premier degré de juridiction, qui peuvent donner matière à recours devant les jurys, et sur lesquelles ces derniers sont tenus de statuer, comme aussi celles dont il ne peuvent connaître ou qu'ils doivent déclarer non recevables, sous peine d'excéder les limites de leur compétence.

Il est à penser qu'ainsi éclairés et fixés sur la nature et l'étendue de leur juridiction, comme tribunaux d'appel, les jury donneront rarement occasion de requérir l'annulation de leurs décisions pour l'un des griefs ci-dessus rappelé. Tout citoyen a le droit de se pourvoir au Conseil d'Etat contre la décision rendue à son égard, et qu'il considère comme le résultat d'une fausse application de la loi; mais il ne peut l'exercer qu'à la condition expresse de se conformer aux règles prescrites en matière de pourvois par la voie contentieuse.

Il me paraît, dès lors convenable que les citoyens ne puissent prétexter cause d'ignorance des formalités qu'ils ont à remplir, et que, dans ce but, l'acte de notification des décisions du jury de révision leur fasse connaître, sous forme d'avertissement, qu'aux termes des art. 1 et 11 du décret du 22 juillet 1806 :

1° Le recours doit être formé par une requête signée d'un avocat aux conseils ;

2° Qu'il n'est pas recevable après trois mois du jour où la décision du jury a été notifiée. (V. au surplus les modèles nos 6 et 7, Journal offic. des gardes nat.)

Rapporteurs.

Art. 17. « Le rapporteur exerce près le jury de révision les fonctions du ministère public, et fait, en cette qualité, toutes les réquisitions nécessaires. »

En matière civile, les fonctions du ministère public consistent à requérir l'observation des lois et règlements ; à veiller au maintien de l'ordre ; à surveiller l'exécution des jugements rendus ; à poursuivre même d'office cette exécution dans les dispositions qui intéressent l'ordre public.

Le rapporteur près le jury de révision est donc, aux termes du règlement, appelé à exercer ces diverses attributions.

Ainsi, en sa qualité de ministère public, il prend communication de tous les actes d'appel présentés au jury.

Bien qu'il n'appartienne qu'au juge de paix, président, de convoquer le jury, il peut requérir de ce magistrat une convocation extraordinaire, d'après le nombre et l'urgence des affaires.

Il doit, ainsi qu'il a été dit à l'art. 13, être entendu et prendre ses conclusions sur tous les incidents qui peuvent motiver une décision préparatoire ou interlocutoire, telles que les exceptions proposées à fin de récusation ou d'abstention (v. plus haut, art. 12), de remise à la cause, d'incompétence, etc., etc., de même que sur tous les appels au fond.

Il requiert contre les jurés défaillants l'application de l'amende (art. 29 de la loi du 13 juin 1851).

Il a enfin pour mission de surveiller l'accomplissement régulier de toutes les formalités de procédure ; de s'assurer surtout si les décisions du jury ont été exactement notifiées, et de donner avis à l'autorité administrative supérieure des manquements dont aurait eu à souffrir cette partie du service.

« Il transmet au Ministre, par l'intermédiaire du Préfet, avec ses observations, les décisions du jury qu'il peut y avoir lieu de déférer au Conseil d'Etat, pour incompétence, excès de pouvoirs, ou violation de la loi » (art. 17).

L'obligation que le règlement impose au rapporteur de vous signaler les décisions du jury qu'il peut y avoir lieu de déférer au Conseil d'Etat, ne concerne, bien entendu, que celles dont il importerait de requérir l'annulation, comme blessant les principes généraux de l'administration publique et l'intérêt de la saine application de la loi. Quant à celles où cet intérêt n'est pas compromis, il convient de laisser aux citoyens eux-mêmes le soin d'en faire l'objet d'un recours en leur propre et privé nom.

C'est donc uniquement dans la première hypothèse que le rapporteur est appelé à exercer la part d'intervention que lui attribue le réglement; mais il n'a qualité, en aucun cas, pour former directement le pourvoi ; il doit se borner à vous envoyer, avec telles observations qu'il jugera convenable d'y joindre, lesdites décisions pour m'être transmises par votre intermédiaire.

Le droit de saisir d'office, s'il y a lieu, le Conseil

d'Etat de l'examen de ces décisions n'appartient qu'au Ministre de l'intérieur.

Vous aurez donc, monsieur le Préfet, dans les instructions que vous adresserez aux rapporteurs, à insister pour qu'ils se conforment scrupuleusement à cette règle de conduite.

TITRE III.

Dispositions générales.

Art. 18. « Les séances des Conseils de recensement et des jurys de révision sont publiques. »

La publicité des séances étant d'ordre public, cette formalité doit être ponctuellement observée par les Conseils de recensement et les jurys de révision. Il est également indispensable que leurs décisions mentionnent qu'elle a été accomplie.

La publicité des séances comprend généralement les plaidoiries, les rapports et les jugements eux-mêmes.

Cependant le Code de procédure permet (art. 87) de déroger à ce principe, lorsque la discussion publique pourrait avoir des inconvénients graves.

La vérification des infirmités peut être faite en chambre du Conseil.

Le règlement a prévu avec juste raison que l'examen et la constatation des infirmités alléguées à fin de radiation des contrôles de la garde nationale, ou de dispense du service ordinaire, pouvaient, dans les circonstances données, motiver exeptionnellement cette dérogation.

En conséquence, les Conseils de recensement et les jurys sont autorisés à procéder à huis clos, sur la demande de la partie ou du ministère public, à la vérification de ces infirmités.

Ils devront, toutefois, en faire l'objet d'une délibération préalable et motivée, dont il sera fait mention dans la décision.

« Les décisions délibérées en chambre du Conseil sont prononcées en séance publique » (art. 18).

Quant aux décisions délibérées en chambre du conseil, elles doivent être nécessairement prononcées en audience publique, comme tous les jugements en général, attendu qu'elles constituent, par leur nature, des actes solennels qui ne peuvent être soustraits à la connaissance du public.

Elles doivent également faire mention que cette prescription a été observée.

Vous avez remarqué, monsieur le préfet, la recommandation faite aux Conseils de recensement et aux jurys de révision de motiver leurs décisions.

Il importe cependant qu'ils ne perdent point de vue que cette disposition n'implique point pour eux une obligation absolue de faire connaître les motifs sur lesquels reposent l'appréciation qu'ils ont pu être amenés à faire de la situation individuelle, mais bien et exclusivement la nécessité d'énoncer si les faits allégués devant eux sont de nature à justifier l'application invoquée de la loi dans l'étendue que ces termes comportent.

Il y aurait, en effet, de trop graves inconvénients à rendre publiques les circonstances inhérentes à la positions des citoyens dont les réclamations, devant porter dans le plus grand nombre de cas, sur des faits intéressants la juste susceptibilité de la personne, commandent d'être examinées et résolues avec toute la convenance et toute la délicatesse désirables.

Telles sont, notamment, les demandes qui peuvent avoir pour objet, soit la radiatiaton définitive des contrôles pour cause d'infirmités incurables, conformément à l'art. 8 de la loi du 13 juin 1851 et au règlement d'administration publique du 8 septembre 1851, ou d'exclusion par application de l'art. 9; soit d'inscription à réserve, motivée sur ce que le service ordinaire est une charge trop onéreuse (art. 14); soit enfin de dispenses temporaires du service (art. 16) à raison de maladies ou d'infirmités susceptibles de guérison. Nul doute, monsieur le Préfet, que dans ces différents cas, pour lesquels les Conseils de recensement et les jurys sont autorisés, par l'art. 18 du règlement à délibérer en chambre du Conseil, leurs décisions ne soient suffisamment motivées si elles se bornent à admettre ou à rejeter les réclamations portées devant eux, par le motif que les faits allégués rentrent ou non dans les cas expressément prévus par les articles précités.

Je ne puis donc trop insister auprès de vous sur la nécessité d'adresser particulièrement des observation à MM. les maires et les juges de paix, afin qu'ils apportent, dans la rédaction de leurs jugements, la mesure nécessaire pour concilier, autant que possible avec l'exécution de la loi, les égards dus aux situations personnelles.

Art. 19. — « Les avertissements, notifications et significations faits en exécution du présent règlement ont lieu dans la forme administrative. »

J'ai eu à plusieurs reprises, l'occasion de vous indiquer, dans le cours de cette instruction, la marche à suivre pour la remise, dans la forme administrative, des divers actes d'avertissement et de notification que doit nécessiter la procédure devant les Conseils de recensement et les jurys. Il vous suffira donc de vous y réferer, ainsi qu'aux modèles annexés à la présente instruction.

INSTRUCTION MINISTÉRIELLE

Sur la Loi de la Garde nationale.

—

CHAPITRE I

COMPÉTENCE

1. La compétence des conseils de discipline est fixée et circonscrite, comme celle de toute juridiction répressive, sous trois rapports, c'est-à-dire à raison des personnes, des délits et des peines.

Compétence à raison des personnes

2. Les gardes nationaux portés au contrôle du service ordinaire (L. 1851, art. 93, § 2), sont seuls justiciables des conseils de discipline. Ceux qui sont inscrits au contrôle de réserve ne sont point, dès-lors, placés sous la juridiction de ces tribunaux, dont la loi ne les appelle point à faire partie. — La compétence des conseils se détermine donc, quant à la qualité de la personne, par un fait positif : l'inscription au contrôle du service ordinaire.

3. La juridiction de chaque conseil ne s'étend, sauf le cas où il est saisi par renvoi de la Cour de cassation, que sur les gardes nationaux du corps pour lequel il a été institué, et sur les gardes nationaux des armes spéciales qui en ont été déclarés justiciables dans les cas prévus par l'article 94 de la loi.

4. Le conseil de discipline ne peut s'immiscer dans la formation ou la modification des contrôles. La loi a institué pour cet objet des juridictions spéciales.

Compétence à raison des délits et des peines

5. Les conseils de discipline ne peuvent connaître que des manquements ou infractions au service qui sont expressément soumis à leur juridiction, ou appliquer d'autres peines que celles que la loi leur attribue le droit de prononcer. Ils ne peuvent non plus appliquer ces peines dans une autre proportion et pour d'autres cas que ceux qui sont prévus et déterminés par la loi. (V. ch. 2.)

Délits qui ne sont point de la compétence des conseils de discipline

6. Il n'y a donc pas lieu de leur déférer les faits ci-après énumérés, encore bien qu'ils aient été commis dans le service ou à l'occasion du service. — Ainsi devront être renvoyés devant les tribunaux correctionnels : 1° Tout garde national qui vend, détourne ou détruit volontairement les armes de guerre, les munitions ou les effets d'équipement qui lui ont été confiés (art. 81); 2° Tout garde national qui, après deux condamnations pour refus de service, commet un troisième refus dans l'année (art. 83) : pour que la juridiction correctionnelle puisse être saisie dans le cas qui précède, il faut que le conseil de discipline ait épuisé sa compétence ; que les deux condamnations prononcées soient devenues irrévocables : en conséquence, si ces deux condamnations ou l'une d'elles sont l'objet d'un pourvoi, on doit de toute nécessité surseoir à saisir la police correctionnelle du troisième manquement prévu par l'art. 83 jusqu'à ce que la Cour de cassation, statuant définitivement sur le pourvoi, en ait prononcé le rejet ; 3° Tout chef de corps, de poste ou de détachement qui se rend coupable des délits prévus par les articles 234 et 250, C. P. (art. 84.)

Mode suivant lequel le tribunal de police correctionnelle doit être saisi des délits soumis à sa juridiction.

7. Pour les divers cas qui précèdent, le tribunal de police correctionnelle doit être saisi de la manière suivante : en ce qui concerne les faits mentionnés aux nos 1 et 3, le rapport, le procès-verbal ou la plainte est directement adressé au procureur de la République de l'arrondissement par le maire ou par le sous-préfet. — Dans le cas prévu au n° 2, c'est au rapporteur du conseil de discipline qui a prononcé les deux condamnations contre le garde national prévenu du troisième refus de service, qu'il appartient d'adresser au procureur de la République le rapport constatant ce troisième refus. Il devra joindre à cet envoi toutes les pièces qui se rapporteraient à l'affaire, notamment expéditions des deux jugements des conseils de discipline.

8. De même si, parmi les rapports, procès-verbaux ou plaintes dont le chef de corps saisit le conseil de discipline, il s'en trouve qui signalent des faits étrangers à la compétence du conseil, comme aussi dans le cas où, le conseil s'étant déclaré incompétent, il y aurait lieu de renvoyer devant les tribunaux ordinaires, il appartient au rapporteur de transmettre au procureur de la République le rapport, le procès-verbal ou la plainte, les pièces de l'affaire, ainsi qu'expédition du jugement d'incompétence s'il en a été rendu.

CHAPITRE II

PÉNALITÉ

Peines que les conseils sont appelés à appliquer

9. Les peines que les conseils de discipline sont appelés à prononcer sont, article 72 : 1° La réprimande; 2° La réprimande avec mise à l'ordre des motifs du jugement; 3° La prison pour six heures au moins et trois jours au plus, avec ou sans mise à l'ordre ; ou, s'il n'existe pas dans la commune une prison spéciale pour l'exécution des jugements des conseils de discipline, ou un local propre à en tenir lieu, une amende de 1 à 15 francs, au profit de la commune du contrevenant ; 4° La privation du grade avec mise à l'ordre; 5° La radiation des contrôles avec mise à l'ordre.

10. Parmi ces peines, il en est que les conseils de discipline ne peuvent se dispenser d'appliquer, dès qu'ils reconnaissent comme constantes les infractions que la loi en a expressément déclarées passibles. — Les autres sont facultatives, en ce sens qu'il appartient au conseil de discipline d'en graduer l'application selon la gravité de l'infraction, qui, bien que devant toujours être punie, peut, à des degrés divers, mériter sévérité ou indulgence.

11. Ainsi il y a obligation pour les conseils de punir : 1° De la prison pour six heures au moins et trois jours au plus, avec mises à l'ordre des motifs du jugement, tout garde national qui, sans excuse légitime, ne s'est point rendu à l'appel lorsque l'ordre public était menacé; l'officier, le sous-officier ou le caporal doit de plus, dans ce cas, être privé de son grade; le conseil peut en outre prononcer contre le condamné la radiation du contrôle du service ordinaire pendant un temps qui n'excédera point cinq années, et ordonner l'affiche du jugement à ses frais; — 2° De la prison pour six heures au moins et trois jours au plus, tout chef de poste ou de détachement (officier ou sous-officier) qui, étant de service, s'est rendu coupable (art. 74) d'inexécution d'ordres reçus, d'infraction à l'art. 6, de manquement à un service commandé, d'absence du poste non autorisée, d'inexactitude à signaler, dans les formes requises, les fautes commises par ses subordonnés, de désobéissance, d'insubordination, de manque de respect, de propos offensants ou d'insultes envers les officiers d'un grade supérieur (ces mots officiers d'un grade supérieur, signifient dans l'espèce, pour l'officier chef de poste ou de détachement, les officiers qui lui sont supérieurs en grade, et pour les sous-officiers, les officiers quels qu'ils soient), de propos outrageants envers un subordonné, d'abus d'autorité : dans ces divers cas, le conseil de discipline peut prononcer, de plus, la mise à l'ordre, s'il le juge convenable (art. 72) ; — 3° De privation du grade avec mise à l'ordre, tout officier, sous-officier ou caporal qui, après une première condamnation, est, dans les douze mois, puni de la prison pour une seconde infraction par le conseil de discipline (art. 79). — Dans l'espèce, la privation du grade doit être prononcée par le second jugement en même temps que la peine de la prison.

Peines que les conseils de discipline ont la faculté de prononcer selon la gravité des cas

12. Mais il y a faculté pour le conseil de discipline de punir, selon la gravité des cas : 1° soit de la réprimande, soit de la prison pour six heures au moins et trois jours au plus, avec ou sans mise à l'ordre ajoutée à l'une et à l'autre des peines, soit de la privation du grade avec mise à l'ordre, tout officier qui, étant de service ou en uniforme, tient une conduite qui compromet son caractère ou porte atteinte à l'honneur de la garde nationale (art. 73) ;

tout officier ou chef de poste qui commet une infraction aux règles du service, à la discipline ou à l'honneur de la garde nationale, qui contrevient à l'article 5; — 2° De la réprimande simple ou de la réprimande mise à l'ordre, ou même de la prison pour deux jours au plus, et pour trois jours en cas de récidive; tout sous-officier, caporal ou garde national qui s'est rendu coupable (art. 76), d'inexécution d'ordres reçus, de désobéissance, d'insubordination, de refus de service commandé (sont considérés comme services commandés non-seulement les services ordonnés dans la forme ordinaire, mais encore les prises d'armes commandées par voie de rappel ou de convocation verbale), de s'être mis en état d'ivresse, d'avoir proféré des propos outrageants contre l'autorité, d'avoir tenu une conduite portant atteinte à la discipline et à l'ordre, d'avoir abandonné ses armes, sa faction ou son poste avant d'avoir été relevé (peuvent être considérées comme abandon de poste : l'arrivée tardive au lieu du rassemblement, l'absence du poste sans autorisation, l'absence prolongée au delà du terme fixé par l'autorisation), d'avoir enfreint l'art. 5. — Est passible des mêmes peines (art. 76) tout sous-officier, caporal ou garde national dont l'armement est mal entretenu, ou qui fait son service sans uniforme dans les communes où l'uniforme est obligatoire ; — 3° de la radiation du contrôle du service ordinaire pour deux années au plus avec mise à l'ordre : tout garde national qui, dans l'espace d'une année, a subi deux condamnations du conseil de discipline (art. 82). — Dans ce cas, la radiation serait prononcée par le second jugement de condamnation.

Observations sur la faculté conférée aux conseils de discipline de prononcer la radiation du contrôle du service ordinaire

14 et **15**. Ils ne doivent appliquer cette peine qu'avec la plus grande circonspection, la loi ne l'ayant prescrite que comme une garantie protectrice de la discipline ; et son vœu serait complétement méconnu si elle devenait un moyen de favoriser le mauvais vouloir d'un citoyen qui ne craindrait pas d'acheter une exemption de service, même au prix d'une condamnation.

CHAPITRE III

PROCÉDURE

Mode des poursuites devant les conseils de discipline

16. Le conseil de discipline n'est saisi légalement que par le renvoi que lui fait le chef du corps des rapports, procès-verbaux ou plaintes constatant les faits qui peuvent donner lieu à une poursuite (art. 96). — Il suit de là que le rapporteur ne peut poursuivre d'office une contravention commise par un garde national.

17. S'il y a lieu à poursuivre contre le chef du corps lui-même, le conseil doit être saisi par le préfet (art. 96). — Dans ce cas, le rapport, le procès-verbal ou la plainte, qui peut motiver cette poursuite doit être directement adressé au préfet. — Dès-lors, c'est à ce fonctionnaire qu'il appartient de composer le conseil de discipline qui doit juger l'affaire, en se conformant suivant le grade de l'inculpé aux règles tracées par les articles 89 et 90 de la loi.

Ce qu'il faut entendre par chef de corps

18. Par chef de corps l'art. 96 de la loi entend : le colonel dans les légions communales ou cantonales, le chef de bataillon dans les bataillons communaux ou cantonaux non réunis en légions ; le capitaine commandant dans les communes qui comprennent une ou plusieurs compagnies non réunies en bataillon.

Renvoi des rapports, procès-verbaux ou plaintes ; ordre hiérarchique de ce renvoi

19. Le chef de corps adresse ces rapports, procès-verbaux ou plaintes au président du conseil de discipline ; ce dernier les transmet ensuite au rapporteur, lequel les remet ensuite au secrétaire. — Il est entendu que si le chef de corps est lui-même le président du conseil de discipline, il se borne à les adresser purement et simplement au rapporteur.

Registre-journal des renvois au conseil de discipline

20. Au fur et à mesure de la réception de ces rapports, procès-verbaux ou plaintes, le secrétaire les transcrit sur un registre-journal à ce destiné, et qui devra être paraphé par première et dernière par le président du conseil.

21. Il convient qu'en général il ne s'écoule pas un délai de plus de dix jours entre l'envoi des pièces par le chef de corps et le jugement qu'elles devront provoquer.

Convocation des membres du conseil de discipline

22. Le président du conseil de discipline, sur la réquisition du rapporteur, convoque le conseil par lettre spéciale adressée à chacun des membres et indique le jour de la séance.

23. Il peut également, en cas d'urgence, convoquer d'office le conseil, après en avoir prévenu le rapporteur.

Formes des citations

24. C'est au rapporteur qu'il apppartient de faire citer l'inculpé (art. 97).

25. La citation doit être signée de cet officier, mentionner le fait qui sert de base à la poursuite, et indiquer la séance où l'affaire sera appelée.

26. Le délai pour la comparution ne doit pas être moindre de vingt-quatre heures. Il importe qu'en général il n'excède pas trois jours.

Réquisition des agents de la force publique pour la remise des citations

27. La citation doit être portée à domicile par un agent de la force publique (art. 97).

28. Si cet agent appartient à un corps soldé, il ne peut être employé que sur la réquisition de l'autorité municipale. Le rapporteur peut, dès-lors, requérir directement, pour porter les citations, tous les agents de la force publique, proprement dits municipaux, et qui appartiennent à la commune où l'inculpé est domicilié. — Tels sont, indépendamment des gardes champêtres, les agents de police, les sergents de ville, les tambours appariteurs et même les tambours de la garde nationale, sous la condition expresse pour chacun d'eux d'être assermenté. — Quant aux agents de la force publique appartenant à un corps soldé, comme les gardes municipales et la gendarmerie, ils ne peuvent être mis en demeure de porter des citations qu'en vertu d'une réquisition expresse du maire de la commune de l'inculpé (art. 97), délivré sur la demande du rapporteur.

29. Dans l'un comme dans l'autre cas, il est indispensable que l'agent déclare, au bas de la citation, par qui il a été définitivement requis, soit par le rapporteur, soit par le maire.

Remise des citations

30. En tout état de cause, la remise des citations est gratuite.

31. Le rapporteur doit constater, sur la copie et sur l'original des citations, la date de cette remise, mentionner la personne entre les mains de laquelle elle a eu lieu et y apposer sa signature. — Ces formalités sont indispensables à peine de nullité. (jurisprudence de la Cour de cassation).

32. La copie de la citation est laissée à l'inculpé et l'original collectif rapporté au secrétaire du conseil de discipline, qui en prend date pour la séance indiquée.

Tenue des séances du conseil de discipline

33. Au jour et à l'heure fixés par la lettre de convocation qui leur a été adressée, comme il est dit au § 22, les membres du conseil de discipline doivent se rendre au lieu des séances. — Ceux à l'égard desquels l'uniforme est obligatoire (art. 59), sont tenus de siéger en uniforme : les officiers avec le hausse-col ; les sous-officiers, caporaux et gardes nationaux avec le ceinturon et le sabre.

Absence des membres. — Amende

34. Le membre qui ne se présente pas, et dont l'absence n'est pas justifiée par une excuse valable, est condamné par le conseil à une amende de cinq francs à quinze francs au profit de la commune du contrevenant (art. 98). — Le rapporteur est, comme tout autre membre du conseil de discipline, passible de l'amende. — Il en est de même du secrétaire.

35. L'amende étant impérative, le conseil ne peut se dispenser de la prononcer, lorsque l'absence n'est point valablement excusée. — Il ne peut, non plus, sans violer la loi, appliquer dans l'espèce, une autre peine que l'amende.

Remplacement des membres absents

36. L'article 98 dispose que le juge absent sera remplacé par l'officier, sous-officier, caporal ou garde national appelé immédiatement après lui. — En général, il est désirable que les conseils de discipline siégent le plus possible au complet; mais comme les conseils de bataillon ou de légion sont autorisés à juger au nombre de cinq membres au moins, et ceux des compagnies au nombre de trois (art. 92), ce n'est qu'autant que le conseil ne présente point le minimum exigé qu'il est indispensable d'appeler le nombre de membres nécessaires pour le compléter. — Dans ce cas, le président convoque spécialement, et pour chaque grade, les membres qui viennent immédiatement après les juges absents dans l'ordre du tableau.

37. Le conseil peut juger aussitôt qu'il a réuni le nombre de membres exigés au minimum par l'article 92. — Il va sans dire que le président doit toujours avoir convoqué, ainsi qu'il a été dit au § 22, tous les membres du conseil, et que la réduction, soit à cinq juges, soit à trois, ne peut jamais être qu'accidentelle.

38. Dans les conseils de discipline des bataillons cantonaux, le juge absent doit être remplacé, suivant son grade, par un officier, sous-officier, caporal ou garde national du lieu où siége le conseil de discipline (art. 98). — Cette disposition qui existait dans la loi du 22 mars 1831 (art. 114), a exclusivement pour but de prévenir la nécessité d'aller chercher, dans une commune éloignée, le garde national qui doit remplacer le membre absent, et souvent même l'impossibilité de le trouver.

Comparution des prévenus

39. Le garde national cité est tenu de comparaître en personne ou par un fondé de pouvoirs (art. 99). — De cette obligation il résulte que l'envoi d'une défense par écrit ne serait point recevable. Le pouvoir donné par le prévenu doit être spécial et par écrit.

40. Le prévenu peut être assisté d'un conseil. (Art. 99.)

Non comparution du prévenu. — Jugement par défaut

41. Si le prévenu ne comparaît pas au jour et à l'heure fixés par la citation, il est jugé par défaut. (Art. 100).

42. La faculté de faire défaut est inhérente au droit de défense, et la Cour suprême a annulé des jugements de conseils de discipline qui avaient vu dans l'exercice de cette faculté un motif d'aggravation de peines.

Signification du jugement par défaut

43. Le jugement par défaut est signifié dans les formes prescrites pour la remise des citations.

Opposition. — Délai dans lequel elle doit être formée

44. L'opposition doit être formée dans le délai de trois jours, à compter de la signification du jugement. (Art. 100.) — Elle peut être faite, soit par déclaration au bas de la signification, soit par acte séparé et même notifié par huissier. (Cassation, 4 janvier 1833.)

45. Récépissé de l'opposition est donné à l'opposant par le secrétaire.

Citation sur opposition

46. L'opposant est cité pour paraître à la plus prochaine séance du conseil. (Art. 100.)

47. S'il n'y a pas d'opposition, ou si l'opposant ne paraît pas à la séance indiquée, le jugement par défaut devient définitif (art. 100), et ne peut plus être attaqué que devant la Cour de cassation. (Article 104.)

Publicité d'audience

48. L'instruction de chaque affaire devant le conseil de discipline est publique, à peine de nullité. (Art. 101.) — Est, nul, dès-lors, tout jugement qui ne contient point la mention que cette formalité essentielle a été accomplie.

Police de l'audience

49. La police de l'audience appartient au président qui peut faire expulser ou arrêter quiconque troublerait l'ordre. (Art. 101). — Il est indispensable, pour le service du conseil de discipline, qu'un planton, pris parmi les tambours de la garde nationale, soit toujours à la disposition du président. — Le président peut, en outre, requérir le commandant de la garde nationale, s'il ne l'est pas lui-même, de placer un piquet auprès du conseil pendant la durée de la séance.

50. Le président a le droit de ramener le prévenu ou son défenseur aux questions de la cause lorsqu'il s'en écarte, et même de lui retirer la parole, s'il sort des bornes de la défense et de la modération.

Délits commis à l'audience

51. Si le trouble est causé par un délit, le secrétaire, sur l'ordre du président, en dresse procès-verbal. (Art. 101.) — L'auteur du trouble est jugé immédiatement par le conseil si c'est un garde national, et si la faute n'emporte qu'une des peines que le conseil de discipline peut prononcer conformément à l'article 72. — Dans tout autre cas, le procès-verbal est transmis par le rapporteur au procureur de la République ; et, s'il y a lieu, le délinquant est mis à la disposition de ce magistrat.

52. Les gardes nationaux, quel que soit leur grade, qui se rendent coupables de trouble à l'audience peuvent être jugés et punis, séance tenante, suivant la gravité du fait, soit de la réprimande, soit de la réprimande avec mise à l'ordre, soit de la prison pour six heures au moins et trois jours au plus, soit de la privation du grade avec mise à l'ordre. (Art. 101.)

Instruction de l'affaire devant le conseil de discipline

53. L'instruction devant le conseil de discipline a lieu de la manière suivante : — Le secrétaire appelle l'affaire. (Art. 102.)

Lecture des pièces. — Il donne lecture des pièces y relatives. — Cette formalité est obligatoire à peine de nullité du jugement.

Récusation

54. En cas de récusation, le conseil statue. Si la récusation est admise, le président appelle, selon les règles établies par l'article 98, les juges suppléants nécessaires pour compléter le conseil. (Art. 102.)

55. Les causes de récusation peuvent être tirées à la fois de l'article 44 et de l'article 378 du Code de procédure civile. — Toute récusation doit, à peine d'être déclarée non recevable, être présentée avant toute défense. — Elle doit être proposée en termes formels, pour que les causes en soient vérifiées. — Tout membre du conseil de discipline qui se croit dans un cas de récusation doit en faire part au conseil, mais il ne doit s'abstenir qu'autant que le conseil a admis ses motifs. — Le rapporteur étant toujours partie principale, ne peut être récusé. (C. pr. civ. 381 et Cass., 13 nov. 1835.) Il peut, cependant, comme tout autre juge, demander à s'abstenir s'il s'y croit fondé, et le conseil apprécie ses motifs.

56. Le jugement qui statue sur une récusation doit, à peine de nullité, être motivé comme tous les autres. (L. 20 avril 1810, art. 7 et 17.) — Serait nul, dès-lors, pour violation de ladite loi, le jugement qui, au lieu de statuer par des motifs distincts et séparés, sur la récusation proposée, se bornerait à la déclarer purement et simplement inadmissible. — Il faut, enfin, à peine de nullité, que le rapporteur soit entendu dans ses conclusions au sujet de la récusation, et que mention en soit faite dans le jugement.

57. Si le prévenu décline la juridiction du conseil de discipline, le conseil statue d'abord sur sa compétence ; s'il se déclare incompétent, l'affaire est renvoyée devant qui de droit.

58. L'incompétence, de même que toutes les questions préjudicielles, doit être présentée avant toute discussion de l'affaire au fond. — Le rapporteur peut proposer l'incompétence du conseil aussi bien que le prévenu. Lorsque cette exception a été proposée en vertu de conclusions formelles et positives, soit par l'inculpé, soit par le rapporteur, le conseil doit statuer par jugement séparé et motivé.

Audition des témoins

59. Les témoins, s'il en a été appelé par le rapporteur ou l'inculpé, sont entendus après avoir prêté le serment prescrit par l'article 155 du Code d'instruction criminelle. (Art. 102.) — Le rapporteur et le prévenu ayant le droit de faire entendre des témoins, le conseil qui en refuserait l'audition et passerait outre au jugement du fond, violerait l'article 102 précité et l'article 7 de la loi du 20 avril 1810.

60. Le jugement doit également, à peine de nullité, constater que le serment a été prêté, soit en transcrivant la formule contenue en l'article 155 du Code d'instruction criminelle, soit en faisant mention de cet article, de telle sorte qu'on puisse en induire clairement que la prestation du serment a eu lieu conformément audit article. — Serait nul, dès-lors, pour violation formelle du Code d'instruction criminelle et de l'article 102 de la loi du 13 juin 1851, le jugement qui se bornerait à mentionner que les témoins ont prêté le serment prescrit par la loi.

61. Le président du conseil de discipline peut faire entendre, à titre de renseignement, et sans prestation de serment, le sergent-major de la compagnie à laquelle appartient l'inculpé, le signataire du rapport qui a servi de base à la poursuite, etc. — Mais, dans ce cas, le jugement doit nécessairement constater que ces personnes n'ont été entendues qu'à titre de simple renseignement, et non pas comme témoins.

62. Le conseil peut déterminer discrétionnairement les limites dans lesquelles doit être renfermée la preuve testimoniale. — Il appartient au président comme chargé de la direction des débats, de refuser d'interpeller des témoins sur des faits étrangers à la poursuite. (Cass., 23 nov. 1833.) — Le membre du conseil de discipline qui dépose devant le conseil, à titre de témoin, doit se récuser, à peine de nullité du jugement à intervenir.

63. En cas de non comparution, tout témoin non valablement excusé est condamné par le conseil de discipline, à une amende de un franc au moins, de quinze francs au plus. (Art. 102.)

64. Le prévenu ou son conseil est entendu. (Article 102.)

65. Tout jugement doit, à peine de nullité, contenir mention que le prévenu a été entendu dans sa défense.

Conclusions du rapporteur

66. Le rapporteur donne ses conclusions. (Article 102.) — Il est de principe absolu que le rapporteur, comme remplissant les fonctions du ministère public, doit être entendu sur chaque affaire et sur chaque incident qui peut donner lieu à un jugement quelconque. De plus, il est indispensable, à peine de nullité, que l'accomplissement de cette formalité soit mentionnée dans le jugement.

67. L'inculpé ou son fondé de pouvoir et son conseil présentent leurs observations. (Art. 102.)

68. Le conseil délibère en secret et hors la présence du rapporteur. (Art. 102.)

Nécessité de motiver les jugements

69. Le jugement est motivé. Cette disposition est prescrite à peine de nullité. (L. 20 avril 1810, art. 7.) Elle s'applique aux jugements préparatoires et interlocutoires comme aux jugements définitifs. — Un jugement ne peut, à peine de nullité, porter sur d'autres faits que ceux qui sont compris dans la citation. — Il faut encore que les faits soient qualifiés soit dans les motifs, soit dans le dispositif du jugement.

Prononcé du jugement. — Sa signature

70. Le jugement est prononcé en séance publique et signé du président et du secrétaire. (Art. 102). — La signature du président et du secrétaire peut seule imprimer au jugement l'authenticité nécessaire. — D'ailleurs le secrétaire ne peut délivrer d'expédition d'un jugement qui n'est point signé. (Code inst. crim., art. 196.)

71. Le secrétaire inscrit tous les jugements rendus sur le registre-minute à ce destiné, en ayant soin de remplir exactement chacune des colonnes disposées, en regard du nom du condamné, pour recevoir la mention de toutes les formalités substantielles.

72. Ce registre doit être paraphé, par première et dernière page, par le président du conseil de discipline. — Il sera soumis, après chaque séance du conseil, à l'enregistrement; et mention de l'accomplissement de cette formalité sera faite, pour chaque jugement, dans la colonne pour ce spécialement réservée.

73. C'est de ce registre-minute que le secrétaire extrait la copie du jugement qui doit être signifié à domicile. — Cette signification est faite et constatée dans les mêmes formes que la citation. (Voir plus haut § 24 et suiv.)

74. Le secrétaire tiendra, en outre, un répertoire alphabétique contenant les noms, prénoms des gardes nationaux à l'égard desquels sont intervenus des jugements ; la date, la nature, les motifs, le libellé et la suite donnée à l'exécution de ces jugements. — Ces deux mesures d'ordre sont indispensables pour faciliter les recherches qu'il y a lieu de faire lorsqu'il s'agit de motiver soit l'application de la peine de la récidive (art. 76), soit le renvoi devant le tribunal de police correctionnelle (art. 83), recherches que les minutes des jugements rédigés sur des feuilles volantes, susceptibles de s'égarer, rendraient souvent impossibles.

Exécution des jugements

75. Les mandats d'exécution des jugements des conseils de discipline sont délivrés dans la même forme que ceux des tribunaux de simple police.

(Art. 103.) — Toutefois, les agents de la force publique n'ont droit à aucune indemnité pour la notification de même que pour l'exécution des jugements emportant la peine de la prison.

76. L'exécution des jugements devenus définitifs a lieu de la manière suivante : — 1° A l'égard de ceux qui prononcent seulement la peine de la réprimande (art. 72, n° 1), la condamnation s'exécute par le fait même du prononcé du jugement. — 2° A l'égard des jugements qui prononcent la réprimande avec mise à l'ordre des motifs du jugement (art. 72, n° 2), l'exécution de la peine consiste dans la publicité donnée à la condamnation au moyen d'un extrait certifié du jugement qui sera exposé pendant un mois, par les soins de l'adjudant-major du bataillon ou du rapporteur du conseil de discipline si la garde nationale n'est point organisée en bataillon, dans un cadre préparé à cet effet et placé au corps de garde de la mairie. — Le rapporteur doit transmettre, en conséquence, extrait du jugement au chef de ce corps, pour que ce dernier donne à qui de droit les ordres nécessaires. — 3° En cas de condamnation à la prison, expédition du jugement en forme exécutoire doit être adressée par le rapporteur au maire de la commune du domicile du condamné, pour qu'il requiert au besoin, les agents de la force publique, appartenant à un corps soldé d'en assurer l'exécution, au cas où le condamné se refuserait à se constituer volontairement prisonnier. — En même temps, si le jugement prononce la mise à l'ordre, le rapporteur en adresse extrait au chef de corps, comme il est dit au n° 2 ci-dessus. — 4° Pour la privation du grade, qui entraine la mise à l'ordre (art. 72), le rapporteur transmet l'expédition du jugement, d'une part, au maire de la commune de l'officier, sous-officier ou caporal condamné, et, d'autre part, extrait dudit jugement au chef de corps pour l'exécution de la mise à l'ordre. — 5° Pour la radiation des contrôles avec mise à l'ordre et l'affiche du jugement aux frais du condamné, le rapporteur devra se conformer aux dispositions indiquées au n° 4 ci-dessus. — Bien que les conseils de discipline soient seuls juges des limites dans lesquelles il peut y avoir lieu d'appliquer la prescription de l'article 75 relativement à l'affiche du jugement, ils apprécieront toutefois la convenance de ne point rendre trop onéreux les frais qui doivent en résulter. — Il est désirable, dès-lors, qu'à moins de circonstances tout à fait exceptionnelles, ils se bornent seulement à ordonner que le jugement sera affiché, d'une part, au lieu où siége le conseil de discipline, et d'autre part, dans la commune du condamné, soit à la mairie, soit aux endroits ordinaires de l'apposition des actes de l'autorité civile. — Quant aux frais d'impression et d'affichage dudit jugement, le receveur d'enregistrement, sur la production d'un mémoire signé par le maire de la commune du condamné, ainsi que de l'extrait du jugement que le rapporteur aura transmis à ce dernier, en poursuivra le recouvrement suivant la marche tracée par l'article 174 du décret du 18 juin 1811, réglementaire des frais en matière criminelle et de police. — 6° Enfin, lorsqu'il s'agit de la condamnation à l'amende (cas prévu par le n° 6 de l'article 72, et les articles 98 et 102), le rapporteur transmet extrait du jugement au receveur de l'enregistrement, pour qu'il procède au recouvrement de cette amende, et en opère le versement dans la caisse de la commune à laquelle appartient le condamné, conformément aux articles précités.

—

CHAPITRE IV

POURVOIS EN CASSATION

Pourvois en cassation sur les jugements.

77. Il n'y a de recours contre les jugements définitifs des conseils de discipline que devant la Cour de cassation pour incompétence, excès de pouvoir, ou violation de la loi. (Art. 104, § 1.) — Sont définitifs : — 1° Les jugements qui ont été rendus contradictoirement ; — 2° Les jugements par défaut auxquels il n'a point été fait opposition dans le délai de trois jours, à compter de la notification du jugement (art. 100) ; — 3° Les jugements par défaut, par débouté d'opposition.

78. Le pourvoi en cassation est suspensif à l'égard des jugements prononçant, soit l'emprisonnement, soit une autre peine, avec mise à l'ordre dans les cas prévus par nos 2, 4 et 5 de l'article 74. (Art. 104, § 9.) — Le condamné est dispensé de la mise en état, c'est-à-dire de se constituer prisonnier.

Consignation de l'amende pour le pourvoi en cassation.

79. Dans tous les cas, le recours n'est assujetti qu'à l'amende de cinquante francs pour les jugements contradictoires, et de vingt-cinq francs pour les jugements par défaut, non compris droits accessoires établis en matière d'impôts indirects. (104, § 4.)

80. L'amende doit être déposée dans les dix jours du pourvoi, sous peine de déchéance. (104, § 5.)

Elle peut être consignée au bureau de l'enregisment établi près la Cour de cassation, ou entre les mains du receveur de l'enregistrement du domicile du demandeur. — Il n'est point dérogé aux dispositions de l'article 420 du Code d'instruction criminelle, relatives à la production des pièces, notamment du certificat d'indigence, nécessaires pour suppléer la consignation de l'amende.

Délai pour le pourvoi en cassation.

81. Le condamné a trois jours francs, à partir du jour de la notification, et le rapporteur a le même délai, à partir de la prononciation du jugement, pour se pourvoir en cassation. (Art. 105.)

Déclaration du pourvoi.

82. La déclaration du pourvoi doit être faite entre les mains du secrétaire du conseil de discipline, par le condamné ou son fondé de pouvoirs, et signée de lui, ainsi que du secrétaire, qui est tenu d'en donner reconnaissance. — Si le déclarant ne veut ou ne peut signer, mention doit en être faite par le secrétaire. (Code d'instruction criminelle, art. 147.) — Le secrétaire ne doit, sous aucun prétexte, refuser de recevoir la déclaration du pourvoi. — Elle est inscrite sur un registre à ce destiné. Ce registre est public, et coté et paraphé, par première et dernière page. par le président du conseil. — Enfin, le secrétaire informera sur le champ le rapporteur de la déclaration du pourvoi, et lui transmettra la requête, s'il en a été déposé. (Code d'instruction criminelle, article 422.)

83. Lorsque le recours est exercé par le rapporteur, il doit être également inscrit sur le registre dont il est parlé plus haut, et notifié à la partie contre laquelle il est dirigé, dans le délai de trois jours. (Code d'instruction criminelle, art. 418.)

Délai pour le dépôt des pièces à l'appui du pourvoi

84, On a vu plus haut que le garde national qui se pourvoit est tenu de consigner l'amende dans les dix jours de sa déclaration de pourvoi, sous peine de déchéance. (Art. 104.) — Le même délai lui est accordé pour déposer ses moyens de cassation.

Transmission du pourvoi à la Cour de Cassation.

Dans tous les cas, c'est seulement à l'expiration de ce délai de dix jours que ces pièces doivent être transmises à la Cour de cassation. (Code d'instruction criminelle, art. 423.)

85. Cette transmission ne peut avoir lieu autrement que par l'intermédiaire des préfets, du ministre de l'intérieur et du ministre de la justice. — A cet effet, le rapporteur doit donc faire parvenir, par la voie ci-dessus indiquée : — 1° Une expédition de la déclaration du pourvoi ou un extrait du registre des pourvois; — 2° Le reçu de l'amende ou les pièces en tenant lieu, si le condamné qui se pourvoit les a déposées, ou, à défaut, une déclaration négative de la consignation de l'amende ; — 3° Une expédition du jugement ; — 4° Les pièces du procès ; — 5° Les requêtes du condamné, s'il en a été déposé ; — 6° Un inventaire des pièces rédigé et signé par le secrétaire. (Code d'instruction criminelle, art. 423.) — Toutes ces pièces devront être cotées et paraphées par le secrétaire, et former un dossier en liasse. Le rapporteur peut y joindre un mémoire, s'il le juge à propos.

86. Les jugements des conseils de discipline ne peuvent, en aucun cas, prononcer de condamnation aux dépens. (Art. 106.)

Enregistrement des actes disciplinaires.

87. Tous actes de poursuite devant les conseils de discipline, tous jugements, recours ou arrêts rendus en vertu de la loi du 13 juin, sont dispensés du timbre et enregistrés gratis.

88. Les jugements doivent être enregistrés dans le délai de vingt jours; les citations à témoins, significations du jugement, dans les quatre jours de leur date. (Loi du 22 frimaire an VII, art. 20.) — Les citations et significations sont enregistrées en original. — Les jugements sont enregistrés sur minute. (Loi du 28 avril 1816, art. 38.) Mention est faite de l'accomplissement de cette formalité sur les expéditions. — Les secrétaires doivent accomplir avec soin ces formalités, et les rapporteurs doivent veiller à ce qu'elles soient exactement remplies.

Paris, 10 octobre 1851.

TABLE DES MATIÈRES

FIN.

Ouvrage du même Auteur

—

CODE COMPLET

DES

LOIS, DÉCRETS, ARRÊTÉS, CIRCULAIRES

De la Défense nationale.

LYON, IMPRIMERIE P. MOUGIN-RUSAND, RUE STELLA, 3.

www.ingramcontent.com/pod-product-compliance
Ingram Content Group UK Ltd.
Pitfield, Milton Keynes, MK11 3LW, UK
UKHW020552180726
13838UKWH00001B/201

9 782329 337968